日與夜的循環——覺觀修持精要

南開諾布仁波切 著

The Cycle of Day and Night
An Essential Tibetan Text
on the Practice of Contemplation

目錄

首版前言	6
二版前言	9
編者導論	11
導論註釋	36

第一部
日與月的循環正文	45
後記	57

第二部
正文主題大綱	60
正文釋義（南開諾布仁波切口授）	61
I. 禮敬	62
II. 前行	63
III. 日修法	68
A. 了知	68
B. 穩固	74
1. 融攝	75
2. 鬆坦	79
C. 增上	85

IV. 夜修法	88
A. 晚間瑜伽	88
B. 晨間瑜伽	93
V. 修法利益	96
VI. 行者德能	99
VII. 總結	99
附錄一:「日與夜的循環」偈頌品（藏中對照）	101
附錄二：日與夜的修持（一九九四年康威禪修營開示）	113
附錄三：作者略傳	133
南開諾布仁波切著作	142
英譯者簡介	145
藏文詞彙表	146

普賢王如來

首版前言

　　這部文本，藏文標題為 *gDod ma'i rnal 'byor gyi lam khyer nyin mtshan 'khor lo ma*，是 1983 年卻嘉・南開諾布仁波切（Chögyal Namkhai Norbu Rinpoche）在〔美國〕麻塞諸塞州康威（Conway, Massachusetts）大圓滿同修會禪修營之前寫下的。在大圓滿教法的界部系列中，發現有噶拉多傑（Garab Dorje，極喜金剛）關於如何日夜相續不斷修持覺觀（contemplation）的指導＊，本文即是這些修法的概要。

　　根據藏傳佛教傳統，噶拉多傑是大圓滿覺觀修持體系的首位人類導師。藏文詞彙「佐千」（Dzogchen）通常被翻譯為「大圓滿」（the Great Perfection），而在西藏其代表佛法之精華。據說噶拉多傑出生於印度西北邊的鄔迪亞那（Uddiyāna，鄔金國），隨後便從報身佛金剛薩埵（Vajrasattva）得到大圓滿的傳承，而金剛薩埵早已直接從本初佛普賢王如來那裡以心印（mind-to-mind）方式得到傳承。大圓滿由噶拉多傑傳至文殊友（Manjusrimitra），從他傳到布達嘉納（Buddhajñāna，佛智）和師利星哈（Śrisimha，吉祥獅子）；在西元八世紀，大圓滿的傳承教法則由蓮花生大士（Guru Padmasambhava）、無垢友（Vimalamitra）和毗盧遮那（Vairocana，遍照護）譯師帶至西藏。

　　自上面這些大師的年代起，大圓滿教法便以不間斷的方式師

＊ Cf. *Byang chub sems bcos thabs mdor bsdus*, in *Vairocana rGyud-'Bum*, vol.V, 223-245 (Leh, Ladakh, 1971)

徒相傳〔迄今〕。在西藏寧瑪派體系中，大圓滿亦稱阿底瑜伽，即佛法被判為九乘當中的第九乘。然而，大圓滿引入西藏早已預示了藏傳佛教諸派的興起。屬於藏傳佛教四大教派的許多卓越大師，包括第五世達賴喇嘛、第三世噶瑪巴（大寶法王）、竹巴．貝瑪噶波（Drugpa Padma Karpo）等著名人物，都曾公開修持這些教法，亦有其他諸多行者秘密修持。因此可以肯定的是，大圓滿並非任何一個教派所獨有，事實上，這些教法超越任何宗派、文化或國家的限制。

大圓滿是有關由自身直接經驗中所了知的個人本初狀態，即不受因緣影響之心性。此心的本性超越心的特定內涵，亦即超越心中生起的念頭——其反映出個人心理、文化和社會性的制約。我們可以在鏡子（其具備自然本有的反射能力）與鏡中所見的反射之間做出同樣的區別，鏡子不會與鏡中出現的反射相混淆。這裡所介紹的大圓滿即免除這樣的限制，遵循的是東藏近代大師，諸如蔣揚欽哲旺波（Jamyang Khyentse Wangpo）、蔣貢康楚（Jamgon Kongtrul）、秋吉林巴（Chogyur Lingpa）和安宗竹巴（Adzom Drugpa）的利美（Rimed）即不分教派傳統。

在此譯本中所標示之編號，指的是藏文本中之個別偈頌，而跟隨譯文的釋義亦依此安排。這些釋義係摘自南開諾布仁波切於1983年10月8至9日在〔美國〕康威禪修營中所做的口授論釋。當時，南開諾布仁波切以義大利語講授，由肯納德．利普曼（Kennard Lipman）與約翰．謝恩（John Shane）將此論釋譯成英文。

最後，要感謝肯納德．利普曼博士和約翰．謝恩先生，在將文稿潤飾為正統英文這方面，給予無價的協助。同樣亦十分感

謝康威大圓滿同修會,以各種方式參與這項計畫的許多成員。願此譯本確實能利益到所有讀者。

薩爾瓦・芒嘎朗
(SARVA MANGALAM,吉祥圓滿)

約翰・雷諾斯(John Myrdhin Reynolds)
1983 年 11 月於麻省康威

二版前言

此次所發行之版本，大體上與 1984 年（Zhang Zhung Editions, Berkeley, California）所發行的第一版是相同的。針對這份藏文本的英譯，以連續註解的形式所做的釋義已編輯了相當的份量，而這些釋義早先源自南開諾布仁波切的口頭講解再彙編而成，唯在此第二版中還有一篇新寫的導論。

感謝 Station Hill Press 出版社的喬治‧奎沙（George Quasha）先生提供推出此新版的機會，還要感謝最初贊助此翻譯的康威大圓滿同修會諸多成員的協助與鼓舞，特別要感謝妮娜‧羅賓森（Nina Robinson）所有的靈感、耐心與激勵。

約翰‧雷諾斯
1986 年 7 月於麻省康威

金剛薩埵

編者導論

這裡我們所翻譯的文本：*gDod ma'i rnal 'byor gyi lam khyer nyin mtshan 'khor lo ma*，即「日與夜的循環：本初瑜伽之道」（*The Cycle of Day and Night: Where One Proceeds Along the Path of the Primordial Yoga*），係由南開諾布仁波切所撰寫。它不是對大圓滿的學術介紹，既非關於大圓滿哲學之論文，也不是針對現存藏文大圓滿文獻的學術調查；相反地，它是一個口訣指導（upadeśa）[1]，係關於大圓滿實修要點之教授。它明確解釋了如何於白天和晚上連續不斷地修持覺觀（contemplation），雖然簡潔卻十分詳盡。傳統上，口訣教法是一種秘密的口頭指導，由上師私下授予致力於解脫道的弟子。這種口訣係由於成就的上師本身在實修上確實已達至某種程度的證悟，因而將涉及理論和實修二者的某些要點，從個人經驗中汲取出來，是故直接與瑜伽士的修行和經驗有關。

南開諾布仁波切便是如此一位成就的上師。他出生於西藏東部德格的一個貴族家庭，受到當時最完善的學院教育，就德格而言，是屬於藏傳佛教[2]的薩迦派。此外，他早期即被認證為一位轉世喇嘛或「祖古」（*tulku*, sprul sku）——即安宗竹巴（1842-1924）的轉世，其為十九、二十世紀交替之際，東藏最著名的大圓滿上師之一。隨後，他亦被第十六世嘉瓦噶瑪巴（Gyalwa Karmapa）和八蚌·泰錫度（Palpung Tai Situ，大司徒）仁波切認證為聲名卓著的竹巴·貝瑪噶波（1527-1592）的轉世，其為藏傳佛教竹巴噶舉派之掌教上師及學者。但大圓滿之精華不是在學術研究中發現的，亦不需要教團

階級的證書,大圓滿超越所有這種心智與文化上的限制。直到遇到自己的根本上師(rtsa ba'i bla ma)[3],他才終於瞭解大圓滿在個人直接經驗和證悟上的含義。這裡所說的上師是娘拉·蔣秋多傑(Nyala Changchub Dorje, 1826-1978),一位寧瑪派喇嘛和藏醫,他亦為東藏德格偏遠山谷中一個在家修行者社區的精神領袖和導師。南開諾布仁波切從這位上師得到大圓滿教法三部——心部(Semde)、界部(Longde)與口訣部(Mennagde)——最重要的傳承。(有關南開諾布仁波切生平更多細節,請見本書作者略傳。)

　　此文本的內容係出自於南開諾布仁波切自身的經驗和大圓滿的個人證悟,但這裡還加上了傳統與上師本人經驗的融合。在大圓滿教法界部中,可以找到有關如何晝夜相繼不斷修持覺觀的指導。特別是有一部噶拉多傑的《修菩提心攝略》(Byang chub sems bcos thabs mdor bsdus)[4],根據藏傳佛教,他是我們這個星球首位大圓滿的人類導師。南開諾布仁波切所造的這部文本,即給予了這些修法的概要說明。因為一般來說,即使大圓滿現今被視為藏傳佛教的一部分,但在〔八〇年代之〕西方尚未眾所周知,是故有必要在此略述大圓滿在藏傳佛教中之地位及其起源。

　　在西藏,大圓滿傳統上被視為最高與最精要的佛陀教法。儘管大圓滿本身超越任何宗派的藩籬,但它通常與藏傳佛教最古老的教派即寧瑪派有關。此外,大圓滿引入西藏時雖早已預示了藏傳佛教中諸多教派的興起,這些教派在西元十一世紀藉由梵譯藏的新譯活動才開始出現。由於寧瑪派從舊譯時期(西元七至九世紀)便成為西藏傳統上的監管角色,大圓滿雖與寧瑪派關係甚密,事實上並非一個教派或哲學類別,它毋寧是證得我們本初狀態的

一種修道，此狀態超越條件式存在，基於此故，它不受任何文化或歷史背景所限。

「佐千」（Dzogchen, rdzogs pa chen po）這個藏文詞彙等同於梵文「瑪哈珊底」（Mahasāndhi），通常被翻譯為「大圓滿」（the Great Perfection）。此教法之所以被稱為大圓滿，係因它於自身即是全然圓滿的（rdzogs pa），其內完美無缺；且因名為「大」（chen po），就此意義上無有比它更大或超越它的。但從根本上來說，大圓滿這個名稱指的不是在其他佛學當中的一種哲理，而是指個體的本來狀態，即我們本俱之佛性，佛性與「心的本性」同義。在大圓滿密續中，特別是心部系列的那些密續，此本初狀態被稱為「菩提心」（Bodhichitta），在此架構下，這個詞的含義，與它在大乘佛教所熟知的經教體系不同。在大乘經典中，菩提心，即「覺悟的思想」，是菩薩為了饒益與度脫無始生死輪迴中的一切眾生，而欲獲致無上正等正覺的堅決意圖。但在大圓滿密續中，菩提心卻具有非常獨特的意義。

梵文「菩提心」，藏譯為「蔣秋森」（byang chub sems），在大圓滿中的解釋：「蔣」（byang）意指從本初以來的「清淨」；「秋」（chub）指圓滿，即任運自成；而「森」（sems）指「心」，表示慈悲之無礙能量。本來清淨（ka dag）和本自圓滿（lhun grub）是個體本初狀態的兩個面向；在心的本性中，此二者無別融合（dbyer med）。本初狀態之諸面向，就其意涵可如下表所示：

本體	空性	本來清淨	法身
（ngo bo）	（stong pa nyid）	（ka dag）	（chos sku）
自性	明性	本自圓滿	報身
（rang bzhin）	（gsal ba）	（lhun grub）	（long sku）
能量	無礙	無別融合	化身
（thugs rje）	（ma 'gag pa）	（dbyer med）	（sprul sku）

　　本初狀態是為一個整體，但為了要談論它和它的顯現，我們才區別出這些三面向（chos gsum）。心的「本體」本來清淨，是為空性，這就是法身。它的「自性」是光明之明性，其任運自成，這就是報身。它的「能量」無礙周遍，這就是化身。本初狀態就是心的本性，而這顯現為它的「本體」、「自性」和「能量」。

　　每一個心靈修道都可依「基」（gzhi）、「道」（lam）、「果」（'bras bu）三項來分析。以因乘（Causal Vehicle, Hetuyāna）即大乘經教體系而言：「基」是我們本俱的佛性；「道」是菩薩於三大阿僧祇劫期間，佈施、持戒、忍辱、精進、禪定與智慧等六度的修行；「果」是獲致三身（Trikāya）[5]——即一位佛存在的三種層面。這裡我們講到因乘，因為存在一個因，亦即我們本俱的佛性。但是這個佛性只是某種潛在的東西，如同種在土裡的大樹種子，仍需要許多助緣，諸如季節、雨水等，才能讓它發芽、成熟和結果。同理，福德與智慧的積聚，為的就是要將我們本俱的佛性結成三身顯現的果位。

　　然而，在大圓滿中的觀點卻完全不同。三身從無始以來就已完全顯現為心的本性，但由於所累積的煩惱和智識的垢障，使得它無法被認出——如同天空中的太陽會被雲遮蔽，雖說我們看

不到，然而太陽始終在天空中，是故當雲被驅散，太陽便清晰可見。成佛（佛果）亦然：它一直都在那裡，儘管我們沒有認出它來。即使未被認出，三身無始以來已全然顯現為「本體」、「本性」和「能量」。於是我們可以說大圓滿的「基」是三身、「道」是三身，「果」也是三身。大圓滿代表果乘（Fruitional Vehicle, Phalayāna），也就是說，果已作為因而存在。

在大圓滿，「心的本性」（sems nyid）與「心」（sems）之間有著明確而重要的區分，心亦即我們的思維過程——我們內在不斷生起之散漫念頭（rnam rtog）的續流。若我們要瞭解大圓滿，就必須清楚瞭解這裡的區別。有一個傳統的隱喻可以幫助我們理解此點：心的本性就像擦亮的一面鏡子；反之，個人的思想、情緒、衝動、感受和知覺等，就像在此鏡中出現的反射。藏文 rig pa（本覺），我們可以翻譯為本有覺性（intrinsic awareness）或純然的臨在（pure presence，淨覺），它與鏡子的功能類似，鏡子可以反射出前方放置的任何東西，無論美醜。與本覺相反的就是無明（ma rig pa）或缺乏覺知。憑藉著正知正念，我們才得以活在鏡子的狀態中；反過來說，緣於無明，我們就是活在反射的情況中，認為出現在我們面前的一切事物都是具體而實在的。有了本俱的覺性，我們便存在於成佛的境界，而由於無明我們即發現自己再次進入輪迴而流轉。當我們講到本初狀態（ye gzhi）時，我們指的是心性（sems nyid），處於如其所是（ji bzhin nyid，真如）之狀態，超越了時間和條件式存在。成佛的境界早已全然證得，從無始以來就顯現為心性，儘管到目前為止它都沒有被認出。

上師（bla ma）的作用是將心性引介（ngo sprod）給我們，

亦即指授心性正知正念（rig pa）之能力。契入此本有覺性狀態即是所謂的覺觀（samādhi, ting nge 'dzin），覺觀必須與禪修（meditation, sgom pa）明確區分開來：本有覺性超越了條件式存在和時間過程，它超越了心；而禪修則涉及心的運作，因此，它受制於時間也發生在時間中。上師首先藉著在我們的直接經驗中指出何為心、何為心性，來指授我們。有許多方法可以幫助我們具體瞭解這種區別，這些方法被稱為「闊德容申」（Khorde Rushen, 'khor 'das ru shan，輪涅分判），亦即區分輪迴（'khor）與涅槃（'das）。這裡輪迴指的是心（sems），而涅槃則指心性（sems nyid）。這些「容申」（Rushens）構成了真正的大圓滿前行修法（Ngondro, sngon 'gro）。通常西方弟子所知道的前行[6]並非大圓滿，而是針對續部即轉化道的前行。然而，所有經教和密續的這些修法都可以為大圓滿所用，但是上師瑜伽（Guru Yoga, bla ma'i rnal 'byor）才是絕對必要的。因為如同其他心靈教法，大圓滿亦依賴於傳承，而上師瑜伽即是護持吾人所有領受過之傳承的主要方法。

大圓滿教法最早的來源是那些被稱為大圓滿密續的文本，這些文本早先是以鄔迪亞那的語言寫成的，類似於梵文。在古代，鄔迪亞那[7]是位在印度西北方的一個國家。一般而言，佛陀教法可以在稱為「經」和（Sūtras）「續」（Tantras）這兩種論述類別中發現，所有這些教法都被西藏喇嘛視為佛陀之言教（Buddhavacana），即佛陀真實語。佛陀教授了許多不同種類的教義和修持，不是因為祂不一致或不瞭解真理，而是因為祂的聞法眾所能理解的根器有所差別。因此，為了表達祂廣大的慈悲和

祂的善巧方便，祂根據每個弟子理解的程度來教導，以便弟子可以理解並能實修教法。所有這些教法都是根據可達至證悟之三乘加以分類，即小乘（按：現通稱上座部）、大乘❶和金剛乘。

西藏的寧瑪派則更精確地將佛法分類為九乘次第（theg pa rim dgu）。第一乘是聲聞（Śrāvakas）乘，聲聞即小乘行者。此修道主要是佛陀在鄰近瓦那納西（Varanasi）的鹿野苑，第一次講道時所指出的，被稱為「初轉法輪」。在這次講法中，佛陀解釋了四聖諦（Four Holy Truths）和八正道（Noble Eightfold Path），這些教法詳盡地闡述於小乘經典中。第二乘是緣覺（Pratyekabuddhas，獨覺）乘，緣覺又稱辟支佛，即獨自達至證悟者。「聲聞」者需要聽聞佛陀的口頭指導才能找到正確的修道；而「緣覺」者自行入道，爾後在荒野中過著獨自禪修的生活，避免所有與人的交流和接觸。基於此故，緣覺眾被比作犀牛——以獨處和反社會習性而著稱的動物。此二乘共同構成小乘，之所以如此稱呼，係因其目的僅在於行者個人的解脫而忽略他人；這裡所採行的主要方法是出離道（spong lam）。以小乘而言，「基」是厭離俗世，「道」是道德（戒律）、禪修和智慧的三重訓練，「果」則是阿羅漢（屬聲聞乘）或辟支佛的個人解脫輪迴。

第三乘是菩薩（Bodhisattva）乘。菩薩是正步向究竟證悟成佛者，是故菩薩超越阿羅漢較小的願心。菩薩之所以成為菩薩，

---

❶ 雖然根據經論是有用到小乘和大乘的名稱，但為避免產生貶抑之感，達賴喇嘛希望：前者屬巴利語系所建立之教義，翻作巴利傳統；後者屬梵文語系所建立之教義，翻作梵語傳統。

是由於他生出了「意欲證悟」的菩提心，或者說為獲致無上正等正覺之決心，這不僅是為了自己的利益，也是為了度脫一切有情眾生於輪迴。這樣的修道稱為大乘，因其心力亦隨之較為廣大故——即一種普遍的救度，欲將所有現存的眾生從輪迴中解脫出來，而不僅是自己而已。這些教法可以在大乘經典中找到，包含佛陀在靠近王舍城（Rajgir）的靈鷲山和其他處所給予的講道。這些論述代表二轉和三轉法輪的內容，其中佛陀分別闡釋了般若智慧（prajñāpāramitā）和唯識（cittamātra）教法。這兩種論述，後來發展成二哲學派別，稱為中觀（Madhyamakā）和瑜伽行（Yogācāra）：前者教導避免所有極端觀點之中道；後者主要教導唯識（mind-only）學說。以中觀而言，「基」是吾人本有之佛性，「道」是藉行持六度累積福德和智慧二資糧，「果」則是證悟成佛；這裡所運用的主要方法是淨化道（sbyong lam）。小乘和大乘教法統稱為經教體系，皆被認為是由歷史上的釋迦牟尼佛所揭示，祂是一位化身佛。

　　外續部或下續部組成此種分類接下來的三個乘（事部、行部和瑜伽部），這些續部所描述的方法皆使用繁複的儀式和淨化法；如同大乘經教的情況，這裡的主要手段亦為一種淨化道，而瑜伽續（Yoga Tantra）其中一部分則為轉化道。第四乘即事續（Kriyā Tantra），主要是外在的修持（外行），需要大量的儀式活動，故其名中 *kriyā* 意指儀式活動。第五乘即行續（Caryā Tantra），就修持而言部分是外行、部分是內瑜伽，這裡有許多行為規範，故其名中 *caryā* 意指行為。在事部和行部中關於如何達至成佛境界之描述，與在大乘經典中的描述相同。第六乘是瑜伽續，這裡

的修持幾乎都是內瑜伽,也就是說,行者使用觀想而非儀式,經驗到與禪修本尊的實際結合(瑜伽)。據說在密續中所發現的教法是由金剛薩埵所揭示,祂是超越歷史之報身佛。總而言之,續部教法(包括外續部與內續部)被稱為金剛乘(Vajrayāna),即「如鑽石般的車乘」;相對於經教體系,這些教法亦被稱為密續系統[8]。

內續部或上續部包含瑪哈瑜伽、阿努瑜伽和阿底瑜伽等三個較高的乘。第七乘即瑪哈瑜伽(Mahāyoga),又細分為續部和修部(儀軌部),應用複雜的本尊觀想和儀軌,強調生起次第(bskyed rim)。這代表一種漸次轉化的過程,是故本尊和壇城的觀想是於相繼的次第中創造或產生的。上續部的方法正是轉化道(sgyur lam)的方法,可藉由一個傳統的比喻來說明:一位小乘行者沿著路走來,看見面前一株有著煩惱毒的植物,他很害怕地避開它,因為他知道那種毒的後果;然後一位大乘行者來到同一條路上,看見同樣的有毒植物,他並不害怕接觸到這植物,因為他知道那種毒的解藥,他知道如何透過禪修將其化空來淨化此毒,所以它不會有任何影響;最後,一位金剛乘行者沿著這條路也看見面前這株有毒植物,他對吃下那種植物的果實不害怕或感到猶豫,因為他知道如何將其毒轉化為清淨的甘露。這裡採用的方法是將自己身體血管內的煩惱毒,煉金術般地轉變為覺悟智慧(ye shes)的靈丹妙藥。在瑪哈瑜伽中這個過程以證得顯空無別雙運(snang stong zung 'jug)之體驗為終點。藏傳佛教較新的學派如薩迦、噶舉和格魯,依據的是印度密續後期的譯本,而說到無上瑜伽密續(Anuttara Tantras),這些被認為大致相當於較古

老分類中的瑪哈瑜伽。

第八乘，阿努瑜伽（Anuyoga）強調的是圓滿次第（rdzogs rim）。此過程廣泛運用氣脈能量（rtsa rlung，「紮龍」）之瑜伽，以將行者帶至樂空無別雙運（bde stong zung 'jug）之體驗。這裡的轉化法與瑪哈瑜伽的差異在於，它可以是漸次轉化或非漸次轉化。以這種上續部來說，「基」就是有著精神上的氣脈與脈輪的人身，「道」是生起次第與圓滿次第，而果則是三身的證悟。

第九即最高乘即阿底瑜伽（Atiyoga），亦稱「佐千」，這個詞如之前所說，指的是「大圓滿」。在大圓滿中，生起次第和圓滿次第——即本尊和壇城繁複的觀想，以及內在氣脈能量等深奧的內瑜伽——皆不再需要。在大圓滿中所指明的方法，並非如同在經教或續部中的出離法、淨化法或轉化法，而是自解脫道（rang grol lam），重點在於如何直接契入覺觀狀態而不需要任何先前的轉化修習，繼而所證的是覺空無別雙運（rig stong zung 'jug）之體驗。在這一類阿底瑜伽中所發現的大圓滿密續，屬於三系列教法。首先是心部（sems sde）或「心意系列」，其提供一種較為心智的方法，逐步解釋如何契入覺觀狀態；它與無上瑜伽密續的大手印（Mahāmudrā，大持印）系統極為類似，同樣亦分為四瑜伽或四個階段。界部（klong sde）或「空界系列」，在方法上則更為直接；它的幾個階段是同時進行的，而非如心部中按照順序來修。最後是口訣部（Upadeśa, man ngag sde）或「秘密指導系列」，其假設吾人已經知道如何契入覺觀，故給予持續處於此覺觀狀態之建議和方法。存在於大圓滿中的所有這些教法，據說是由本初佛普賢王如來所揭示；普賢王如來即法身佛，其自身超越

了有限的心智概念。

大圓滿教法並非由歷史上記載的佛陀、即釋迦牟尼直接傳講——祂約兩千五百年前於北印度現身說法。證悟成佛這件事不受限於歷史上某個特定的時間點，亦即不是指在某一特定日期成就佛果，然後對我們來說，現在在某特殊日子紀念它以保存傳統，我們的解脫也並非繫於對歷史事件的信仰。成佛毋寧是超乎歷史和時間之外；簡言之，它是「本來就具有的」。佛果平等長存於一切有情眾生的心中，因為他們皆有證得解脫和覺悟的潛能；一切有情眾生無一不俱足成佛的可能。然而，即使此時此刻它一直存在著，在無始以來生生世世的過程中，它早已遭煩惱和心智的垢障所遮蔽。但此成佛之境界始終都在那裡，就像太陽即使被烏雲遮蔽也總是在天空中，當烏雲散盡，太陽便清晰可見了。同理，當我們的垢染盡除，我們在那之前一直沒認出的本俱佛性，現在便任運自顯，在它所有的榮耀和光輝中清晰可見。心靈修道——以佛法詞彙來說即實修佛法——的整個重點就是去除這些層層暗垢，如此我們本俱的佛性便會照耀我們整個生命與世界。

因為證悟成佛超越時間和條件式存在，佛果隨時可以顯現，並非僅限於發生在時間和歷史中某個特定時刻的一次示現或化現。由此可見，在此星球的人類歷史中，大圓滿教法過去曾被揭示，未來也將會一再地被揭示出來。事實上，大圓滿密續提到史前時期曾出現的十二位偉大的大圓滿本師，釋迦牟尼是此系列最後一位。同時，大圓滿亦不限於現今主宰這個地球的人類。大圓滿密續，特別在《聲應成續》（*Śabda-mahāprasaṅga Tantra*）[9]中，講到目前仍保存和教導大圓滿的十三個星系。其實，根據同樣的

資料來源,在我們的世界中大圓滿法僅有少數的六十四萬續存在,當中許多密續據說還是從其他世界或其他層面,由人或非人持明者(Vidyādharas)帶到此星球的。所謂「持明者」,藏語為「仁增」(rig 'dzin),是一位已證得('dzin)本初狀態(rig pa)知識者。

當證悟成佛出現於一個星球上,在時間與歷史長河之外,這種顯現被稱為金剛薩埵。這樣的顯現具有殊勝的五圓滿(phun tshogs lnga):「本師圓滿」是報身金剛薩埵;「處所圓滿」是祂在色究竟天(Akanistha,密嚴剎土),即存在中最高的層面示現;聽聞「眷屬圓滿」即偉大的菩薩們;「法圓滿」即大乘和金剛乘的最高教法;以及「時圓滿」是當此〔教法〕揭示之際是永恆的,即在時間過程之外。當一位菩薩的內心與觀待得到充分的淨化,報身的境界就會出現,他可以直接從金剛薩埵佛那裡接受教法。因此在印度許多不同地區,以及在鄔迪亞那其他地處,在釋迦牟尼時代之後,出現了某些偉大的大成就者(Mahāsiddhas),諸如薩繞哈(Saraha)、龍樹(Nāgārjuna)、岡巴拉(Kambalapa,拉瓦巴)、國王匝(King Jah,賈王)等,他們都是以此方式得到密續教法的揭示。

在大圓滿傳統中,我們講到三種主要的傳承類型:一、直接傳承(dgongs brgyud,如來密意傳),其在瞬間發生,直接由心至心,沒有任何言語介入;二、象徵傳承(brda brgyud,持明表示傳),藉由可見的標誌與象徵,在靜默中或僅以幾句話來表示;三、口耳傳承(snyan brgyud,補特伽羅耳傳),由上師之口傳到弟子之耳,透過言語來講解。這裡根據我們的傳統,大圓滿法無上之源頭來自法身,即本初佛普賢王如來(Samantabhadra, kun tu bzang po，「袞督桑波」），在西藏捲軸畫（唐卡）中常被描繪成一個藍色赤裸的瑜伽士，以禪坐姿懸於天際中央。雖然法身本身超越心智概念，無法用語言表達，但我們象徵性地以此形象來表現實際上無所不在與無形之物，以便讓我們有限的人類思想，對其深奧廣大之義理有些具體的感受。普賢王如來是赤裸的，因為心性本身即去除了所有思維和概念；祂是天空的顏色，因為心性是空而清晰的，如同天空一樣開放。祂被稱為原始佛或本初佛（Ādibuddha），因為祂超越時間和條件式存在，從未受輪迴所纏縛。祂具有二重清淨：祂本身就是清淨的，並淨化了所有外來的染污。梵文詞「法身」（Dharmakāya）意指一切諸法（dharma，法）的次元或層面（kāya，身），大圓滿法從法身普賢王如來傳到報身金剛薩埵，代表一種直接的傳承。但為了宣講教理，在一部大圓滿密續中通常的格式，例如《遍作王續》（Kulayarāja Tantra）[10]，就是普賢王如來和金剛薩埵之間的對話：前者是導師（ston pa），後者是聽聞眾（'khor，眷屬）。然而事實上，正如在這些密續中所解釋的，導師和其聽眾完全一如，他們只是象徵性地表現為二獨立實體，這樣教法就可以用對話的形式來呈現以讓人類理解。

　　金剛薩埵象徵成佛的報身面向，而報身之總集傳統上由五位如來（Tathāgatas）代表，一般在西方便被稱為五方佛（five Dhyāni Buddhas）[11]。這五位也被表現為金剛薩埵的聽聞眾，在這種情況下，如同以上所說，導師和聽聞眾在本質上是完全相同的。金剛薩埵被描繪成身白色（或有時是藍色），手握金剛杵和鈴，分別代表證悟的兩個因素：慈悲與智慧。祂穿戴著諸寶嚴飾

和精緻絲綢,這是古代印度王子的穿著。這些均象徵著報身顯化的富裕和滿溢的豐饒。「報身」這個梵文詞,字面上意指受用的層面,之所以如此稱呼,係因其極樂境界和光明的存在,是已登上菩薩十個修行階段(十地)[12]中第七地的大菩薩所受用的。報身具有上述殊勝的五圓滿,由住於最高存在層面永恆中的報身金剛薩埵,將大圓滿教法傳給出現在其他星球的各種化身,代表象徵傳承。儘管累劫以來已多次這樣傳給屬於非人族類的金剛持們,諸如天人、龍族、夜叉(藥叉)和羅剎,就人類而言,主要是從報身金剛薩埵傳遞到化身噶拉多傑(極喜金剛),梵文稱「普拉西伐折羅」(Prahevajra)[13]。基於此故,噶拉多傑被視為大圓滿首位人類導師,而他實際上是金剛薩埵的化現或應化身。

　　噶拉多傑出生於印度西北部的鄔迪亞那(鄔金國)。據某些資料來源指出,這件事發生在西元前881年[14],歷史記載的佛陀涅槃後166年。當時鄔迪亞那國有一個很大的湖叫達那郭夏(Dhanakośa),是「富裕寶庫」的意思,在那湖邊有一座名為德切澤巴(Sankarakūta,具喜)的雄偉寺廟,由1608座小神社所圍繞。此國由國王鄔巴拉迦(Uparāja)和王后帕巴瓦底(Prabhāvatī,光明具光母)統治。這對皇室夫婦有一個女兒,即公主蘇達摩(Sudharmā,色達瑪),成長為一個美麗賢善的年輕女子。她一聽聞某些上師教授的佛法,便決定放棄世俗生活,並受了比丘尼戒。她與侍女蘇喀(Sukhā,喜悅心)為伴,退隱在達那郭夏湖中央的金沙島上,住在一間簡樸的茅棚裡禪修,並練習瑜伽部密續。

　　在一次夢中,比丘尼見到一個有著聖潔光輝的白色男子,從天

而降來到她面前,並將刻有「嗡阿吽斯瓦哈」(OM ĀH HUM SVĀHĀ)五種子字[15]的水晶寶瓶置於她頭頂,〔授予她寶瓶灌頂〕淨化身業後,化為一束光進入她的體內,於是她可以清楚地看到三界中的一切。隔天早晨,這位年輕的比丘尼對她的侍女講述了自己的夢,不久便發現自己懷孕了。因為蘇達摩比丘尼是一個處女,從來不認識任何男人,因此她感到很驚慌,擔心她的父王乃至整個王國都會得知她的恥辱。幾個月後,她生下一個兒子。儘管這孩子實際上是曾受過大圓滿教法的天界持明者(勝心天子)的轉世,他的母親卻沒有認出他。

比丘尼感到恐懼和羞愧地喊道:「這個沒有父親的兒子肯定是個惡靈!」便把他扔進茅棚外一個滿是煤灰的坑裡。雖然她的侍女已注意到這孩子身上有某種吉祥的標誌,並警告比丘尼說:「這個孩子很可能是某個大菩薩的轉世。」但這位心煩意亂的年輕女子卻充耳不聞。然而就在那一刻,許多神奇的聲音響起,四處都出現虹光。三天後,比丘尼情緒稍加和緩,良心不安地從茅棚出來,前去探視灰坑裡的嬰兒。這孩子居然奇蹟般地安然無恙,她即刻意識到他是佛陀的化身,便將他帶回茅棚為其沐浴。

這時,天上傳來一個聲音歡呼道:「怙主導師薄伽梵,自性光明作護持,恭敬祈請護念我,虛空金剛我祈禱!」諸空行母(Dākinis)[16]讚嘆這個由童貞女所生的神奇孩兒,並向他供養。他一開口說話,就開始教導空行母們。這個奇蹟之子所給予的第一個教法,被稱為《金剛薩埵大虛空》(*rDo rje sems pa nam mkha che*)[17]。

當這孩子七歲時,他堅持要求母親允許他去和博學的班智達

們辯論佛法的意義。終於有一天，他母親放棄反對後，小男孩大膽地去到國王鄔巴拉迦的皇宮，那時他正宴請約五百位博學的學者。自負的小男孩毫不猶豫地走到全部與會者面前，挑戰這些班智達與自己辯論。辯論開始時，他從「果」的角度提出論點，徹底擊敗所有持「基」之觀點的五百學者。在擊敗他們之後，進而指導他們契入阿底瑜伽——在他出生前便已全然證得的真理。這些德高望重的班智達，對這個才七歲的早熟小孩所具有的廣大知識和澈然洞見深感驚訝，因此全體學者都向他頂禮，給他取名為「般若巴哇」（Prajnābhāva），即「智慧自性」。

　　國王對這個神奇而早熟的小男孩感到非常高興，在和他一起時還經歷了一次超凡的狂喜，於是便給他賜名為普拉希伐折羅，藏語叫噶拉多傑（dGa' rab rdo rje），意即「極喜金剛」。且因他的公主母親比丘尼蘇達摩，曾在他出生時把他扔進煤灰坑，所以他亦被稱為維達拉蘇喀（Vetalasukha, Ro langs bde ba，極樂宗比），以及若朗塔多（Ro langs thal mdog，灰色宗比）。

　　這個小男孩從未研讀過一本書，而是從記憶中通達釋迦牟尼佛所有的經和續，以及大圓滿法無數萬偈。在他出生後不久，金剛薩埵便對他現身，並賜予他究竟覺性之灌頂（rig pa'i spyi blugs kyi dbang，明覺淨瓶灌頂），使他證得那種超越修學的本來智慧（mi slob pa'i ye shes），從而一剎那間圓滿了悟所有密續的真實義。

　　後來噶拉多傑前往北方的荒山野嶺，那裡盤據著餓鬼（Pretas）和其他精靈，他在日出之處待了三十二年，於此期間，金剛薩埵再次於虹光明點中對他現身，賜給他對於大圓滿六百四十萬續的秘密指導。金剛薩埵開許噶拉多傑寫下這些耳傳

密續（tshig gi rgyud），於是，當他還是小男孩時，住在瑪拉雅（Malaya，日明山）一座山頂上，在三位空行母的協助下，寫下了這些大圓滿密續（按：兩萬四千部密續，共六百四十萬偈）。在同一座山上的一個岩洞裡，他封藏了這些密續作為伏藏，並指定空行母（俄巴炯瑪）照看。

當噶拉多傑生活在崎嶇山峰中的荒野時，大地震動了七次。山下一個村莊的婆羅門（Brāhmana）祭司指責他，為了傷害婆羅門的教法而用魔法造成這些地震。當地的外道（Tīrthika）[18]國王因此指控他犯下此一罪行，甚至當地牧民也相信這一點，便開始搜索他。當國王的人馬來到他禪修的洞口時，他們聽到從入口處傳來一陣深沉有力的聲音，就像地底深處阿修羅（Asura）[19]的咆哮。隨即一個打扮成裸體瑜伽士的年輕人在群眾面前現身，在彩虹光蘊的包圍下，沒有人可以觸碰到他。藉此幻影，國王和他的隨從完全被降伏並轉而心向佛法。此外，噶拉多傑還展現出諸多神奇的力量，比如行走於湍急的河流上、無礙穿過岩石峭壁和巨石等。他包覆在彩虹明點中出現在眾多人面前，從而激發他們極大的信心和奉獻精神。

後來，他騎上一隻巨大、具神力的大鵬金翅鳥（Garuda）[20]，向南飛越高聳的喜馬拉雅山（Himālayas），向東飛越廣闊的恒河平原，到達座落於施達瓦那（Śītavana, bsil ba'i tshal）即「清涼大屍林」（寒林）內的大佛塔（stūpa），就在金剛座（Vajrāsana，現稱菩提迦耶）[21]附近。在那裡，他給包括空行母蘇日雅格拉那（Dākini Sūryaprabhā）在內的無數弟子，授予灌頂和教法，並於眾空行母的圍繞下，在此令人恐怖又敬畏的火葬場停留了許多年。

與此同時，有一位出生在印度西部城市的偉大學者，他是婆羅門祭司的兒子。因他完全通達五明[22]，且對神聖經典具有無與倫比的知識，所以他以文殊友（Mañjuśrīmitra，妙吉祥友）的名號而聞名。一天，在他的一個境相中，大智文殊師利（Mañjuśrī）菩薩為他授記道：「善男子，若想即生成佛，前往清涼大屍林。」按照這個建議，這位阿闍梨（Achārya）去往東部，來到施達瓦那遇到了噶拉多傑。噶拉多傑對他說：「心之自性本來佛，心無生滅如虛空，若證諸法等性義，不尋彼性住為修。」文殊友立即通達了所傳教導之真義。

　　文殊友在施達瓦那待了約七十五年，並從他的上師那裡得到了最初來自金剛薩埵本人整個大圓滿阿底瑜伽的傳承。在這段期間的最後，噶拉多傑展現了諸多神奇的徵相，身體化為光之本質的他融入虛空當中。這些顯現表示噶拉多傑已證得了虹光身（'ja' lus）。文殊友因悲痛和絕望而暈倒在地，當他恢復知覺時，他悲嘆道：「嗚呼哀哉！大虛空！上師日光若隱沒，世間黑暗孰能除？」

　　瞬間，他的上師出現於他上方虛空一大團彩虹光蘊中，伴隨著一聲霹靂，從這團光中降下一個拇指指甲大的金篋。金篋在空中繞轉文殊友三圈，隨後便落入他打開的右手掌中，然後他上師的境相再次融入虛空。當他打開金篋，發現噶拉多傑上師的遺教（zhal 'chems），用藍琉璃墨水書寫在五種珍貴物質的表面。僅僅見到此遺教，文殊友便達到了與噶拉多傑同等的證悟。此遺教總結了大圓滿的全部意涵，被稱為《三句擊要》（Tshig gsum gnad brdegs）[23]。

文殊友於是著手將他從上師那裡得到的密續，編輯、分類成三部教法。那些強調心之自然狀態（sems nyid gnas lugs）的教法，他歸類為心部，當然這裡的「心」，指的是心性或菩提心；那些強調免於任何勤作（rtsol bral）的教法，歸類為界部；最後，那些強調精要（gnad）的，則歸類為口訣部，即秘密指導系列。他進一步將口訣部最殊勝的教法——稱為「寧提」（Nyingthig, snying thig）或「心要」（心髓）——分為兩組：《口傳續部》（sNyan rGyud，耳傳）和《講授續部》（bShad rGyud，釋續、言傳）。由於當時沒有找到可以接受第二組〔言傳〕教法的具格弟子，阿闍梨便將〔言傳法〕經函藏於金剛座東北方一塊巨大的磐石中，隨後便回到西邊的索薩洲（So-sa-ling, so sa'i gling）[24]屍林，在那裡禪修了一百零九年，與空行母們共修密行（gsang spyod），並傳授她們教法。

正當此時，來自漢地〔于闐〕秀嚴（Sokhyam）城的師利星哈（Śrīsimha，吉祥獅子）和布達嘉納（Buddhajnāna，佛智）一起成為文殊友的弟子。此前，當師利星哈騎著駱駝朝著漢地金洲（Ser-ling）城西行時，他在境相中看到觀世音菩薩於虛空中對他授記道：「善男子，若想決定成就佛果，當前往位於金剛座西方的索薩洲大屍林。」後來，他離開漢地北方的聖地五台山，那時他已獲得成就的力量，他〔離地一肘而行，〕像風一樣地到了印度，在索薩洲屍林拜見文殊友阿闍梨，受到他二十五年的教導。最後文殊友證入涅槃，他的色身從屍林中央的佛塔頂上融入法界。〔師利星哈發出「嗚呼悲哉……」的哀聲，〕然後突然間，文殊友現身空中，將一個小寶篋置於師利星哈掌心。在寶篋中的是

他上師的遺教，稱為《貢年珠巴》（sGom nyams drug pa），即《修定六受》（Six Experiences of Meditation，或譯《六觀修覺受》）。一讀到這些，師利星哈即刻證得了與文殊友同等的深奧智慧。師利星哈還取出被他上師封藏於金剛座附近的經函，將這些法門分為外、內、秘密和極密（無上密）（phyi nang gsang yang gsang）四分部，並授予他的弟子無垢友（Vimalamitra，貝瑪拉密札）和嘉納蘇札（Jñānasutra，智經）。後來，阿闍梨返回漢地，在他涅槃時，同樣化為虹光身融入法界。由此可見，大圓滿傳承法脈所有早期的上師都證得了非凡的虹光身（Rainbow Body of Light）[25]。

　　無垢友和嘉納蘇札雙雙來到漢地，從師利星哈那裡領受大圓滿法脈的口耳傳承，嘉納蘇札是住在斯晉（Śītakara）屍林十二年期間得到的。後來。西藏國王赤松德贊（Trisong Deutsen）[26]從印度邀請無垢友來到西藏後，無垢友在桑耶寺待了十三年，在那裡將口訣部以及心部的一部分傳授給了藏人。當無垢友阿闍梨離開西藏後，便動身前往漢地的五台聖山。

　　在無垢友來到西藏之前，在同一位藏王的統治下，巴果（Pagor）部族的毗盧遮那（Vairocana）在桑耶寺從寂護（Śāntiraksita）受出家戒。事實上，他是西藏第一批剃度出家的七比丘[27]之一，後來他被藏王派往印度繼續學習。在金剛座，他得到了心部和界部所有的根本密續，因此這兩類文本大部分是由毗盧遮那傳給藏人的。在西藏，毗盧遮那也曾是蓮花生大士的弟子，然而，蓮師主要是在阿努瑜伽的架構下教授大圓滿，而不是作為一個獨立的體系。

　　毗盧遮那在印度逗留期間，於達那郭夏附近的檀香林中漫步

時，遇見了師利星哈阿闍梨。那時，師利星哈上師住在一座以奇蹟建造的九層寶塔（ke'u tshang）中。但在上師侍者瑜伽女帶領這個西藏年輕人去見師利星哈之前，他必須展示自己的神通力。當毗盧遮那來到阿闍梨跟前，便要求得到無勤乘（rtsol med kyi theg pa）的指導。然而他必須在晚上秘密學習這些教法，因為當地國王禁止大圓滿法的傳布。國王和他的大臣們擔心，這種超越因果的教義會有損自己乃至整個國家對人民的威權。於是在晚上，毗盧遮那將心部的十八個引導文，用山羊奶作為墨水寫在白布上，這樣國王和他的手下就不會察覺。在這些文本中包括首部大圓滿文本，由毗盧遮那譯成藏文，即著名的《覺性杜鵑》（Rig pa'i khu byug）[28]。根文本的翻譯如下：

種種體性雖無二，分支性中離戲論。
如是者名雖無思，遍顯眾相悉普賢。
本圓故捨精勤病，無勤住故即是定。

然而，毗盧遮那並不滿足於僅只是十八函的心部引導文，所以師利星哈給了他心部系列其他密續的灌頂和指導，然後又給了他界部教法白、黑、花三續（dkar nag khra gsum）的灌頂和指導。隨後，毗盧遮那於所有這些教導都圓滿通達。在 Dhumapītha（du ba'i gnas）火葬場，在他一個境相中，噶拉多傑賜予他大圓滿的六百四十萬偈的教法。然後他藉由疾行（rkang mgyogs）之力回到西藏，將大圓滿心部與界部教法傳給了他的弟子。

我們這裡所翻譯的文本，以作者頂禮（mchod brjod）自己的

傳承上師開頭。這是完全正確的，因為所有的心靈教法都與傳承相連結。然後，作者簡要地介紹了前行修法（sngon 'gro）。就轉心四思維而論，它改變了我們對生活的態度，主要是要明白其真正的含義，而不是從事一些複雜的心智分析。藏文詞 shes rig 傳達了處於當下覺知和知識廣博的意涵，也就是說，我們覺知到我們應該知道的事情。例如，我們應該時刻覺知到得到人身為我們提供的獨特機會，並且這個生命是無常的。這種正知會激勵我們，這樣我們就不會將現在的生活浪費於散亂中。但所有這些前行修法中最重要的是上師瑜伽（bla ma'i rnal 'byor），上師瑜伽亦是護持我們所得全部傳承最有效的方法。

正行（dngos gzhi）由日修法（nyin mo'i rnal 'byor）和夜修法（mtshan mo'i rnal 'byor）所組成。就日修法而言，共有三個要點。其中第一個要點是了知（rtogs pa）修法。在大圓滿中，見地（lta ba）被認為比禪修練習更為重要。我們的見解就是我們看待事物的方式，而「了知」指的不僅是心智上的知識，如我們可能從書本或教室中得到的知識，還有從經驗上進入見地的知識。為此，需要由上師直指（ngo sprod），以便向我們指明什麼是本有覺性（rig pa）。如果我們沒有這種具體的經驗，那麼我們將會依賴別人給予我們的描述，我們在實修中便很容易出錯。

第二個要點是穩固（brtan pa）所修。一旦我們了知覺觀的狀態，了知在我們自己的親身經歷中，本覺的真正意義為何，接下來我們就必須訓練自己處於此覺性狀態。這裡提到三項口訣指導（man ngag gsum）。前兩個：融攝（bsre ba）和鬆坦（lhug pa）；在穩固要點下，還有第三個口訣指導：增上（bogs dbyung），亦為上述三要點中的第三個。

第一，在融攝方面，這裡所描述的修法是融入虛空（nam mkha' ar gtad，「南卡阿德」）。這與專注於禪修的所緣物完全不同，後者是以心來做，而覺觀則超越心。此處，將注意力集中在虛空中的一點之後，我們便放鬆下來，讓我們的覺知與天空融為一體。

第二，對於鬆坦（lhug pa）一般來說有一些指導。在大圓滿中主要就是放鬆，但這種放鬆絕不是遲鈍或昏沈，就像在野外反芻的牛一樣，那種心的狀態被稱為無記（lung ma bstan），它不是本覺。持覺鬆坦（relaxing with presence），指的是當我們的感官與某個物體接觸時，我們不會進入對這個物體的任何概念或判斷中，我們只是隨它如其所是。這不是什麼將注意力專注於某個所緣物，或試圖壓制無關的念頭。事實上，我們很快就會發現這種壓制幾乎是不可能的，因為我們越想壓制念頭，它們吸收的能量就越多，就會對我們進行反撲。就大圓滿而言，妄念（rnam rtog）是否生起並不重要，只要我們不被它所分心並且不隨其而轉。我們真正的問題是如何好好地遠離事物，而不是試圖修整（bcos pa，造作）念頭，而念頭確實會生起。

然而，當我們繼續修習覺觀，由於昏沈或掉舉，可能會出現某些問題，解決這些問題是有方法的。此外，在修學歷程中可能會有某些覺受，尤其是樂受經驗（bde ba'i nyams）、明性和光明的經驗（gsal ba'i nyams），以及空性或無念的經驗（mi rtog pa'i nyams）。我們不應將這些覺受經驗與覺觀或本覺混為一談，也不應被它們所分心。它們只是經驗，別無其他。當我們放鬆自己

的身、語和意時，我們的能量便從平常對它們的緊握中釋放出來，於是它們便開始自由且自發地顯現。我們可能會看到美麗的景象、聽到聲音、感到奇幻等。但我們應該知曉，所有這些都只是我們能量的展現，而不要被它們帶跑。這便是如何於修中增上。

然後是夜修法。這裡有兩部分：在我們入睡前的晚間瑜伽（srod kyi rnal 'byor），以及在我們一醒來後的晨間瑜伽（tho rangs rnal 'byor）。晚間瑜伽的練習亦被稱為自然「淨光」（Clear Light, 'od gsal) 的修習。入睡的過程在很多方面都與死亡過程類似。在我們入睡的那一刻，但在開始作夢之前，我們可能會有一種淨光的體驗，這是我們本初狀態的清淨光明。若我們認知此淨光，便可藉由融入此光明而在此生終了時獲得解脫。這裡所說的過程是在入睡時保持覺知的一種非常有效的方法。它最接近的效果是產生清明夢，也就是說，當我們在夢境中，覺知到自己正在作夢。因為我們意識到我們的夢是為夢，於是我們就能夠去發展和轉化它，並用它來作為我們修行的基礎。儘管在密續中提及很多練習夢瑜伽的複雜方法，但這種自然淨光（自性光明）的法門相當簡單而直接，並能達到同樣的效果。

晨間瑜伽是上師瑜伽的一種形式。正如我們所說的，在大圓滿中，每個修法都與上師瑜伽相連結。藉由這裡所提的方法，我們能夠在早晨一醒來便契入當下覺知的狀態。我們應該明白，我們覺醒時所處的這個本覺狀態，與上師的狀態是一模一樣的。事實上，它不是別的，正是我們自己的本初狀態，名之為普賢王如來。

最後，作者綜合修法利益（phan yon）和行者德能（rnal 'byor pa'i yon tan），以迴向功德（bsngo ba）和賜予祝福（bkra shis）作為總結。

這是來自一位大圓滿上師的秘密口訣指導，雖然簡明扼要，卻對感興趣的行者清楚地指示出如何在白天和晚上契入覺觀狀態，以及如何在這種狀態下有所進展，從而使我們整個存在可以融入到覺觀之中。譯者希望此譯文對所有感興趣者具有實用之價值。

薩爾瓦・芒嘎朗

導論註釋

1. 「鄔巴喋夏」（Upadeśa），藏文「緬雅」（man ngag）：從根本上來說，這個詞意指一位上師私下傳達給弟子的「秘密口頭指導」。如今，西藏上師的口訣指導常以書面形式保存下來。但我們不要忘了，最初所有佛陀的教導也都是口頭的，是在他涅槃後大約一百年才被記錄下來。

2. 藏傳佛教現存四大教派：寧瑪派，薩迦派，噶舉派和格魯派。雖然他們都持有與大乘佛教相同的基本教義，但在傳承方面和所強調的某些密續修法上存在許多差異。在這些學派中，寧瑪派是最古老的，並保存了來自西元七至九世紀早期翻譯的佛教傳統，其他學派是之後隨著十一世紀的重新翻譯活動才開始出現。雖然現今一位西藏喇嘛就其任命和寺院傳承，通常會與這四所學派其中一個有關，此外他還可以持有非自己教派所屬上師的諸多灌頂與教法之法脈傳承。如同西方的基督教中的許多教派和教會一樣，是故我們不應認為這些教派和傳承是相互排斥的。

3. 藏語喇嘛（bla ma，上師）是梵文「古魯」（Guru）一詞的翻譯，指靈性導師。傳統上，據說有三種喇嘛上師：一、傳承上師（brgyud pa'i bla ma），即傳承法脈所有教法和灌頂（brgyud pa）的各個上師；二、曾給予指導的上師（'dren pa'i bla ma），即此生中吾人曾經有過的所有老師；三、個人的根本上師（rtsa ba'i bla ma），他是那位將我們指授到自心本性的上師，並給予我們此生靈性發展上最重要的灌頂和秘密指導。根本上師就其深意有三個方面：一、外在上師（phyi'i bla ma），即給我們灌頂和指導的一位實際的上師；二、內在上師（nang gi bla ma），是我們個人的禪修本尊（yi dam），

在此生當中特別與之連結；三、秘密上師（gsang ba'i bla ma），即普賢王如來、本初佛，其無非是我們的自心本性。

4　參見 *Bairo'i rgyud 'bum*（《毗盧十萬續》）, vol. V, 223-245（Leh, Ladakh, 1971）。

5　三身（Trikāya, Tib. sku gsum）這個詞在經教系統中，僅指心靈修道的目標，而非如同大圓滿中所指之基、道、果。作為目標，它意味著一位佛的究竟證悟，就其存在的三種身（kāya）或三種層面的顯現。法身（chos sku）或「實相身」超越了心智和語言表達的概念，它是無處不在、周遍一切的究竟實相。報身（longs sku），即「受用身」，顯現於時間和歷史之外的色究竟天（密嚴剎土）——存在之最高層面，只有那些五根完全淨化的大菩薩，才能感知到這種光輝的形式。化身（sprul sku），即「應化身」，就是出現在時間中和歷史上作為導師的佛陀，歷史記載的釋迦牟尼佛就是這樣一位化身。同樣地，化身或「祖古」這個詞亦被用於靈性上師被認證的轉世。

6　關於這些前行修法，請參閱正文釋義（3）。

7　鄔迪亞那（Uddiyāna, Tib. u rgyan）這個國家是無上續（Anuttara Tantras）與大圓滿密續的主要發源地。根據佛教傳統，這是首度揭露瑪哈瑜伽密續的國王匝（King Jah, dzah），以及大圓滿第一位人類祖師噶拉多傑的家鄉（見下文）。此外，鄔迪亞那亦是蓮花生大士的出生地，這位上師在西藏建立了密宗形式之佛教。一些西方學者，如圖齊（Giuseppe Tucci）〔教授〕，確定鄔迪亞那位於巴基斯坦的斯瓦特山谷（Swat Valley）。對於此點，那裡有一些藏文的證物，尤其是關於蓮花生大士（Urgyanpa）的記載。然而在古代，鄔迪亞那這個地理名詞，可能用來指一個相當廣的地區，包括巴基斯坦西北部、阿富汗，甚至西藏西部。

8　此二系統被稱為 mdo lugs（即經教系統）和 sngags lugs（字面上是「咒語系統」的意思，通常指的是密續系統）。後者在梵文中便是咒乘（Mantrayāna），而非續乘（Tantrayāna）或類似的稱呼。

9　《聲應成續》（Śabda-mahāprasanga Tantra, Tib. sGra thal 'gyur gyi rgyud），大圓滿口訣部十七續之首。

10　《遍作王續》（Kulayarāja Tantra, Tib. Kun byed rgyal po'i rgyud），大圓滿心部密續之首。

11　「五方佛」（Dhyāni Buddhas）這個詞，用來指五位如來或佛，祂們共同代表成佛的報身層面，是近代尼泊爾佛教新造的詞彙，在梵文或西藏文獻中都沒有發現例證。這個詞最初是由 B. Hodgson 透過寫作介紹到西方，而這些作品是根據他觀察，在一八三〇年代於加德滿都所修持的佛教。不過，這是一個用來指稱這五位佛的方便詞彙。其中 dhyāni 這個字來自 dhyāna（禪那），指的是「禪修」（meditation）。

12　菩薩的進程有十個階段或十地（bhūmis, Tib. sa bcu）。達到第七到第十地者稱為大菩薩；達到第七地代表不退轉位，此後便不會從成佛之路上退轉。

13　據我們所知，噶拉多傑（dGa' rab rdo rje）這個名字最早是藏文意譯，其原文名在現存文獻中並無實證。因此有不少梵文復原提議，諸如 Praharshavajra、Pramadavajra 等。但是由於普拉希伐折羅（Prahevajra）一詞出現在宗薩欽哲．確吉羅卓（Dzogsar Khyentse Chokyi Lodro）一個上師瑜伽法本祈請噶拉多傑的咒語裡，故我們選用它作為〔噶拉多傑〕最有可能的梵語和鄔迪亞那原名。無論如何，它不可能是 Ānandavajra，這詞在藏語是 dGe ba'i rdo rje。

14　根據西藏天文紀年之普氏曆演算法（Phug lugs），從佛陀般

涅槃至今西元 1986 年,共 2867 年的歷史,如此佛陀即是在西元前 881 年滅度的。西方學者通常依循斯里蘭卡(錫蘭)的上座部(Theravādin)傳統,接受西元前 566 至 486 年作為佛陀的生平。如果噶拉多傑出生於佛陀般涅槃後 166 年——正如〔二世〕敦珠仁波切(Dudjom Rinpoche)所稱,那麼他便是出生於西元前 320 年。然而,根據噶舉派歷史學家巴俄・祖拉陳瓦(Pawo Tsuklak Trengwa, dPa' bo gtsug lag phreng ba)在其《賢者喜宴》(*mKhas pa'i dga' ston*)一書中,則說噶拉多傑出生於佛陀滅度後約 360 年。這裡所介紹噶拉多傑生平的版本,主要是遵照〔二世〕敦珠仁波切《古代西藏寧瑪之法源—帝釋天願所出佛陀之大鼓妙音》(*Bod snga rabs snying ma'i chos byung lha dbang gyul las rgyal ba'i rnga bo che'i sgra dbyangs*)第二章的敘述❷。此一版本亦可見於東杜仁波切(Tulku Thondup)所著的 *The Tantric Tradition of the Nyingmapa*(《寧瑪派密宗傳統》)(Buddhayana, Marion, MA, 1984)頁 46-52。另見 Eva Dargyay 的 *The Rise of Esoteric Buddhism in Tibet*(《西藏佛教密宗的興起》)(Motilal Banarsidass, Delhi, 1977),頁 16-26。塔唐祖古(Tarthang Tulku)的 *Crystal Mirror, Volume V*(《水晶鏡:第五冊》)(Dharma Press, Berkeley, 1977)則有另一個相當不同的版本,但對此並未述明藏文出處。

15 此咒語的五個音節指的是五方佛(即報身佛)。這位聖賢的白色男性形象,毫無疑問正是金剛薩埵,賜予她寶瓶灌頂(bum dbang),使她身上所有垢染得到淨化。

---

❷ 根據索達吉堪布譯《藏密佛教史》,第八品略說佛教年表,此段為:「佛滅度一百六十六年的木牛年,宣說勝乘的噶拉多傑降生」。

16 一位空行母（Dākinī, Tib. mkha' 'gro ma），「她行走於天空中」，是女性形象的智慧化現，即證悟的女性面向。因此有智慧空行母，她們是究竟的覺者，比如偉大的菩薩度母；也有世俗或業力空行母，這些是世間能量的女性顯現。此外，一位成就的女性行者亦稱空行母。對於某些被稱為密行（gsang spyod）的隱密性瑜伽修行，修法中瑜伽士必須有一位具備所有必要徵相之空行母作為他的伴侶。

17 這是一部著名的大圓滿密續的名稱，南開諾布仁波切正準備對此文本進行廣泛的研究。❸

18 外道（Tīrthika, Tib. mu stegs pa）一詞，即「以不同的車乘過河者」，通常指印度教徒。婆羅門是印度教的祭司貴族；而班智達則是梵文學者，無論是印度教徒還是佛教徒。

19 阿修羅（Asuras）是生活在地底巨大洞穴中的具力眾生。他們為了結出永生之果的大樹，不斷地與天人（Devas）或天上的眾神爭戰。

20 大鵬金翅鳥（Garuda）是所有鳥類中飛得最高的，象徵非漸道的大圓滿，因為牠從蛋殼孵出時已完全長成，可以即刻飛翔。

21 金剛座（Vajrāsana, Tib. rdo rje gdan），指的是佛陀在菩提樹下成道的地點。此地點現稱為菩提迦耶，位於印度的比哈爾省。其東邊幾英哩處是 Kolashri 火葬場，西藏人認為此處是清涼大屍林（寒林）的遺址。

22 五明係五種傳統科學，包括聲明（語法）、因明（邏輯），工巧明（藝術），醫方明（醫藥）和內明（教理）。

---

❸ 義大利象雄出版社已出版：*Dorje Sempa Namkha Che: The Total Space of Vajrasattva*（Shang Shung Foundation, 2016）。

23 《三句擊要》之譯本，請參閱《聖賢室利王之殊勝法》（*Special Teaching of the Wise and Glorious King*），由巴楚仁波切論釋。〔參見達賴喇嘛著：《大圓滿》（丁乃竺譯，心靈工坊，2003），第二部「三句擊要」，頁43-101；或丹貝旺旭仁波切著：（簡體）《金剛密乘大圓滿：突破輪迴之道》（慈誠達瓦譯，宗教文化出版社，2006），第二部「三句擊要」，頁131-241。〕

24 索薩洲（So-sa-ling），如同其正確梵文名Sosadvipa，二者確切位置均不可知。

25 虹光身（Rainbow Body）的藏文為 *'ja' lus*，達到虹身者則是 *'ja' lus pa*。這是一種法門，可以在生命結束時，將自己的身體轉化為純輻射能量，並像天空的彩虹一樣消失。虹光身使吾人超離輪迴的流轉，無論何時意欲救度和教導眾生時，可以選擇重新以光身出現。近幾十年來，西藏有許多虹光身都得到歷史性的證實。成就者的法體經歷七天的過程，確實縮小至完全消失，只留下指甲和頭髮。

26 赤松德贊（Khri srong lde'u btsan，生於西元742年）。學者們對這些西藏早期國王的確切日期意見分歧。較為普遍與可靠的年表，參見D. Snellgrove和H. Richardson合著的 *A Cultural History of Tibet*（《西藏文化史》）（Boston: Shambhala, 1986），頁288-89。

27 預試七人或七覺士（sad mi mi bdun）。

28 南開諾布仁波切正準備對此文本進行詳細的研究。❹

---

❹ 新加坡仁欽出版社已出版：*Rigpai Kujug: The Six Vajra Verses*（Rinchen Editions, Singapore, 2009）。義大利象雄出版社亦出版上述書之重新編輯版：*The Cuckoo of Instant Presence*，包含南開諾布仁波切之釋論。

42　日與夜的循環

噶拉多傑

第一部

44 日與夜的循環

日與夜的循環

藏文：*gDod ma'i rnal 'byor gyi lam khyer nyin mtshan 'khor lo ma.*
中文：日與夜的循環：本初瑜伽之道（*The Cycle of Day and Night: Where One Proceeds Along the Path of the Primordial Yoga*）。

頂禮上師。

（1）我以〔身、語、意〕三門極大之虔信心，頂禮諸佛部主蔣秋多傑，鄔金丹增（Urgyen Tenzin）與多傑帕準（Dorje Paldron，即 Ayu Khandro 阿育康卓），以及一切大圓滿傳承上師。

（2）本初佛普賢王如來和怙主金剛薩埵，將趣入阿底瑜伽精要道之方法傳給了無上導師噶拉多傑。我懇請空行母們，開許我解釋此教法甘露之少分。

（3）我等應恆時以「四轉心」來訓練自身，從不與「了知內在覺性即真實上師」之瑜伽分離。並在〔飲食、安坐、行走和睡眠〕四時中，保任這種正知正念而不散亂，乃此修持之根本（基礎）。

（4）就晝夜而言，確實有一種主要的日常修持相繼循環進行。統攝〔食、坐、行〕這三時活動之日修法，由三要點組成：即了知、穩固和增上。

（5）關於〔第一要點，〕了知：首先，我們應了知我們尚

未了知的[1]。所有見聞之現象,即使看來分歧多樣,無論多寡,皆如假象一般,我等於焉可以決斷:它們只是心之神變遊舞。

(6)無始以來心性便是空而無我,雖不具實質,但其燦然之明分,猶如水月般無礙〔與無斷滅〕。此乃究竟之本覺智(本初覺智),其中無有明、空二元分別(明空不二)。我等應當了知,此本智係自性任運自成。

(7)由於認識到〔外在〕現相(境相)僅是法性之莊嚴[2],持覺鬆坦下依六聚而生起的一切現相,〔一生起〕皆於自地解脫。由於我們認識到淨覺即是本智自身,出自煩惱習氣的顯現,〔一生起〕亦皆於自地解脫。

(8)由於認識到境覺無別,故能所二取之思維〔一生起〕,皆自解脫為其自地。此外,根據行者自身之能力,直視解(觀察即自解)、生解(生起即自解),以及自解(自地自解脫)等方法,皆是行道增上之手段。

(9)在〔感官接觸之〕第一剎那生起的覺性,確實是無改無生(非由因生)而起現之淨覺[3]。這種超離能所二邊之真如(自然情況),正是本來之自生本覺智。

(10)關於此淨覺,確實圓滿俱足普賢王如來密意之三面向:

---

1 在大圓滿中說到「知一解全」,發現一法(即心之本性)便了達全體。
2 心性或剎那覺性之運動(煩惱習氣)和功能即智慧,諸境相如同我等真實潛能之裝飾。
3 念頭生起的一剎那無涉判斷,此時便是剎那覺性(instant presence)。

無有任何習氣,其「本體」即法身,此乃空性;無有思維概念,其「自性」即報身,此乃明性;無有任何貪執,其「能量」即化身,此乃無礙〔無滅〕周遍。

(11)如此覺性在它剛起現時,就完全無有能所二元之分別念,故〔外在現相〕生起為明性的顯現而離於任何〔戲論分別之〕執取[4],顯相即於法性之境界中自現。[5]

(12)因此等不受因緣影響、自然、剎那的覺性,與如同其母之實相法性(法性母)會合[6],〔我們便稱之〕為法身。安住於此任運自成之淨覺情況,即是大圓滿(「佐巴千波」)的本然狀態。[7]

(13)關於〔第二要點,〕穩固〔所修〕:分為融攝、鬆坦和增上三項口訣指導[8],藉此我們於道上前進。第一種方法,即融攝的方法是:當我們舒適地自然安坐並完全放鬆的同時,將〔我等覺識〕融入面前虛空(直接凝視面前虛空)。[9]

---

4 大圓滿教法中,我等可以接觸對境卻不落入能所二取分別。
5 即便我等處於超越二取之覺觀狀態,顯現亦無中斷。如此,所有境相均被融攝且於法性境界中呈現。
6 法性即存在於現象基礎上之潛能,了知此稱為子智慧;當我們注意到一個念頭先於判斷的剎那,便已注意到母智慧。
7 上述解釋了第一點:如何了知或發現我等實相。故須觀察念頭如何生起,以及涉入判斷前的剎那是如何。
8 首先是如何融攝所有感官功能於剎那覺性,然後如何放鬆於該狀態,最後如何於其中取得進步。
9 當修「南卡阿德」(Namkha Arted)時,須將虛空感知為空而廣大無邊,我等層面亦然,如此才能與之融合。

(14)當我們任持於一種持覺鬆坦之狀態,無散亦無修,這種如〔無雲〕晴空般的初始覺識,亦是一種遠離〔戲論分別〕執取之狀態。它只是光明的明分,或只是純淨的覺分,類似於驚訝愣住的當下。這種淨覺以無遮、赤裸的方式起現,在安止狀態和起心動念之間無有二取分別。[10]

(15)當持續於覺觀中,離於昏沈或掉舉,我們便住於一種甚深之清明朗照狀態。就持續於覺觀狀態而論,即使我們可能會興起念頭、捨棄念頭,執於其中或衍生其他,〔無論其何時生起,〕皆住於自地,我們不因之散亂(不離本覺),念頭便自解脫。[11]

(16)通達此境界後,當我們出定下座,衡量我等〔修持之〕穩固程度,就是辨別自己是否受制於粗大妄念之力。禪修之驗相〔自發出現〕,如同日光或月光的升起。當諸驗相生起時,如不再緣取境相、呼吸(感受不到境相或呼吸)等,皆不受戲論〔或分別〕之影響。

(17)就座下出現的驗相而言:我們或許會將所有現相看作幻象,或者我們會感到一切現相都是空性的;〔我們可能得以保任〕淨覺狀態,亦似無妄念生起(把本覺經驗為一種無念狀態);又或者我們會自認能夠從事諸多行持而無任何錯謬。[12]

---

10 任何感官接觸之見聞覺知等,注意到後保持當下不落二取,此時處於寂止或動念便無差別。
11 此法熟練後,即使思維判斷亦能保持當下,表示覺觀能力較為穩固了。
12 若處於覺觀,就沒有理由犯錯;反之,若我們犯了錯,就表示散亂了。

（18）就我們整個層面（Kayas）而言：因為當吾人辨析一個對境時，心與念頭皆被感知為空性，我們即成就無上之法身，其即是心性。由於此〔情況〕絕不會受到念頭、概念或認知的染污，我們便證得了一種無染於妄念的清淨本智。

（19）由於我們的習氣垢障現已完全淨除[13]，我們的煩惱便蟄伏（隨眠）而不再顯現。因為情況就是如此，儘管我們可能還是凡夫[14]，但現在我們發現自己提升至高於所有輪迴六道，並被稱為屬於「聖者」（phagpa）之家族。

（20）關於鬆坦之口訣指導：無論現相何時生起，也無論其以何種方式出現，皆無改亦無整，〔我們應將其看成〕僅只是本初狀態自身〔即法性〕之莊嚴。於該狀態下，我們的內在淨覺係無改、清朗與赤裸的。因此，當持覺鬆坦〔而起念時〕，我們完全放鬆契入如其所是之境地。

（21）關於六根之對境：當它們單純作為清明之〔當下狀態的〕裝飾而起現時，無有任何阻礙，亦無任何伺察，那麼它們便如其所是地全然圓滿，成為本覺之妙力而離於〔戲論分別之〕耽著。保任此狀態無有任何二取，即是持覺鬆坦。

（22）當持續於覺觀座上期間，不涉入任何對五根門對境之伺察分別，以持覺鬆坦之方式，〔容許現相〕清晰明徹地生起，離於散亂或〔戲論分別之〕執取（不動搖、無執取）。那麼，在

---

13 最強大的淨化法便是處於覺觀狀態，亦唯有藉處於覺觀才能獲致證悟。
14 這裡指別人依然視你為凡夫，但你已具知識之功德。

覺觀期結束後（座下），一種基於六聚對境之本智會自現；任何這樣的現相，〔無論具實質與否，〕皆會看似非實存。

（23）每當由五毒煩惱產生的妄念生起，我們在面對它們時持覺鬆坦，離於〔戲論分別之〕執取。〔另外，〕我們不應試圖以某種對治來遮止，或使用方法來轉化。〔因其沒有被遮止亦沒有被轉化，〕行道上生起之諸多煩惱（以煩惱為行道）便自解脫而現前本智。[15]

（24）於禪修期間出現之驗相，顯現為明性和空性。它們會在境相與空性（境空不二）、念頭相續（起心動念）與空性（念空不二），或樂受與空性（樂空不二）等狀態下現前，從而生起各種樂、明和無念的心識經驗。

（25）就我們整個層面（Kayas）而言：了知一切諸法為法身[16]，此真如法性境界之無改覺性，如一完美明點（Thigle）現前，其平等、圓滿，離於二元分別（無二）。〔便可說〕我們已證得智慧身（Jñānakāya），而現前光明本智。

（26）由於我們所感知的〔外在〕對境實際上是實相法性之顯現[17]，我們的煩惱障便被淨除。因此等本覺智的現前，我們便免於造作各種惡行。且由於我們已從自己的煩惱、習氣和垢障中

---

15 《普賢大力願頌》（普賢王如來祈願文）中詳細解釋了如何放鬆個別情緒煩惱而顯現智慧。
16 了知我等之實相即為法身。
17 指我們所感知之對境於法性狀態下顯現。

完全解脫，我們即被稱為屬於聖者菩薩（菩提薩埵）之家族。

（27）關於〔第三要點，〕增上：此初始之剎那覺性鬆坦住於無改造、自圓滿之狀態中。此乃無妄念之淨覺，清晰而明了。於是，我們覺知之相續便保持穩固而無散亂。[18]

（28）當持續覺觀入定期間，不受昏沈和掉舉之影響，一切皆自顯為空性——其即為實相法性。而在出定後，我們應不隨逐念頭，保任如是之心性狀態。

（29）關於禪修中之驗相：無論禪修與否，皆住於兩者不二之狀態（處於禪修與不禪修不二之狀態），一切所現完全生起為我們覺觀妙力之顯現[19]。一切諸法如是之實相法性，不離自然之本來情況而自現。

（30）就我們整個層面（Kayas）而言：一切諸法，無論可見與否，均在法性狀態下完全淨化自身。是故，我們證得了殊勝之無二身，一種絕不遭〔心識活動〕覆障之無上本智便現前。

（31）藉由所知障的完全淨除，於是我們於一切諸法真如法性中，證得一切遍知。由於我們從所有能知與所知之二元分別中全然解脫，我們即被稱為屬於遍知如來之家族。

---

18 如濁水靜置到澄清的過程。
19 我等之境相就如覺觀狀態之「羅巴」（rolpa）能量的顯現。

（32）關於以夜修法為行道，我們應以二瑜伽來自我訓練[20]：一是在晚間當我們入睡時，另一則是於清晨當我們再度醒來時。晚上〔睡著之前〕，我們應讓諸根放鬆於一種連續覺觀（平等住）之狀態。不僅如此，我們還應將自己的禪定與睡眠融合。

（33）在臨睡之際，我們應於眉間觀想一個白色阿字或一個五色光明點，清晰觀想成約莫一粒豌豆的大小。首先我們將自心專注於此，然後稍加放鬆以讓自己睡著。

（34）當我們在六聚被持覺鬆坦為其自地的狀態下入睡，我們的覺知不受妄念塵垢所染污，自性光明便起現。我們於焉住於法性之現前中，無有任何妄念〔干擾我們〕。

（35）或另種方式，當我們在此剎那覺性一生起時觀察它，於其中無可辨識為起念或安止。於是，我等即住於這種了了分明之當下狀態，契入深寂的覺知中安然入睡。

（36）如此睡眠即成為法性光明顯現之助緣[21]，〔吾等諸根〕在淨覺狀態下完全收攝入法界（本覺完全收攝於法界）。以此方式，只要我們進入睡眠，就有可能持續住於此真如法性中。

（37）當我們完全擺脫物質肉身、境相和心識作用等之習氣，

---

20 這些修法之傳承即上師瑜伽。當具有此傳承並知如何契入上師瑜伽狀態，你就能夠從事這些修持。

21 若能成功於帶著覺知入睡或死亡，就能處於自性光明或法性中陰。密續中提到四光或五光的生起，吾人將能認出這些光是我們本俱的潛能。

〔在作夢之前〕不會再有心識活動生起，我們全然安住於法性狀態之現前中，從而將經歷到與自性光明某種程度的融合（這被認為是與自性光明融合的依據）。

（38）〔當我們確實〕睡著，不會生起任何妄念，我們的淨覺狀態被收攝入其「母」〔自性光明〕之中，然後我們便住於法性之狀態。這段覺觀〔即自性光明〕期結束後，當我們進入夢境，我們將會知夢。藉由發現自己擺脫一切幻相，夢便以一種助伴的方式顯現為我等層面（Kayas）和本初智慧。[22]

（39）在清晨〔一醒來，〕一種本來無改的本智便生起。若我們保任其住於自地，無散亦無修，那麼我們將清寂明朗地安住於自然無念狀態（不受任何妄念干擾）。此即稱為導師普賢王如來之境界（密意）。

（40）直視此〔淨覺〕狀態之本面，我們以純然的注意力觀察是誰在禪修。找不到任何可茲辨識〔或可確認〕之物〔的情況下〕，一種清明赤裸的自生本智一生起便自解脫，於是，一種〔生起與解脫〕無二的本智就會現前。

（41）彼時，我們離於一切對境並超越所有二執妄念，一種無念本智（法界性智）便清晰顯現。由於任持覺性故，不受妄念污染之明了智（大圓鏡智）便清楚現前。且由於無有〔能所〕二

---

[22] 若以此修持而知夢，便能在夢中修法以增進知識。如此業力夢將減少，與教法和修驗相有關的明性夢則日增。

取,一種大樂本智(妙觀察智)即清晰地呈現出來。

(42)既然我們已通達一切諸法本身實際上就是法性,那麼一種無謬的本智便超顯出來。而且,由於〔了知一切事物個別性之〕盡所有智完整清晰地呈現,我們存在之三身自性便超顯出來。

(43)當吾人日夜〔相繼地〕修持此瑜伽精要時,我們生命的整個層面(大周圓)便契入覺觀。熟稔此修持後,我們的煩惱即轉為道用〔而助益吾等〕。且因證得我們存在之三身故,我們必將獲得能夠饒益等空諸有情之全部成就。

(44)衡量我們〔對此修持〕嫻熟的依據,即〔我們能〕於睡夢中知夢〔的程度〕[23]。由於對苦樂覺受之執著〔日益減少〕,我們住於一種融攝(平等性)的狀態,絕不會遭〔戲論分別〕覆障。且因本智的現前,一切現相皆生起為〔覺觀之〕道友助伴。幻相的相續於焉中斷,我們便住於法性狀態的現前中。[24]

(45)如此這般的阿底瑜伽行者,在整個日間與夜間,皆不動搖地保任此法性狀態,據說他甚至可以在兩次呼吸之間的剎那證得佛果[25],此乃偉大的噶拉多傑所說。

(46)關於使煩惱生起為道用〔而助益吾等〕:不對一切現

---

23 我們的夢特別能反映出自己修行的進展以及嫻熟與否。
24 所有夢將有助於道上進展,最終我們達到法性狀態,其為我等真實本性——超越一切幻相。
25 以此修持,即使驟死亦能獲得究竟證悟而不經一般中陰(投生中陰)。

象進行〔賢劣〕分別,我們便發現它們住於法性狀態。因其皆存在於大覺之中,遠離任何戲論,我們即認知到「痴」(迷妄)〔本身〕無異於無念,諸法便〔無妄地〕顯現為真如法性。[26]

(47)呈現為六聚對境之一切諸法,皆於燦然明性(光明)中現前,並且無有任何自性。基於此故,我們認知到「瞋」具有明了的特質,而它現在顯現為明了智(大圓鏡智)。

(48)一切外顯之事物(外境)皆為法性;而於內,淨覺即是本智。由於無有任何二元分別之大樂覺受具有能量的特性,我們認知到「貪」實際上即代表大樂之潛能,從而顯現出大樂之本智(妙觀察智),其任運自成、廣大無邊。

(49)此外,其他眾生亦藉由我等存在之三身而受益。甚且,三毒煩惱完全顯現為我等存在層面(Kayas)與其俱生本智。基於此故,由它們所生起的一切皆作為我等存在層面(身)和其俱生本智而安住。

(50)由於我們所稱之「煩惱」不復存在,便無繼續流轉輪迴的因。就此而言,儘管我們可能會將這種情況稱為「涅槃」,但實際上它單純只是〔我等「本來是佛」境界之〕眾多功德於自圓滿中任運自顯,毋須改造或修整。如同太陽於天空中升起〔而形成白晝〕,我們可以說此乃光明本身。

(51)關於此修法,修學者的行持範圍應涵蓋五種德能,即:

---

26 顯現為無分別智(法界性智)。

參與意樂（信）、精進（進）、正知知念（念）、禪定（定），以及聰慧（慧）。按照我們從〔阿底瑜伽〕無上乘所得到之任何指導，吾等應知如何圓滿成辦此〔必要〕五力之順緣。

（52）以上圓滿宣說後，藉普賢噶拉多傑上師境界少分要言甘露之善根，願我等〔道業上具緣〕等空諸有情，速獲怙主普賢王如來之果位！

後記

　　本文係為了那些渴望步入大圓滿無上乘的人，以及為了紀念已平靜離世的保羅‧安德森（Paul Anderson）先生而作，故我們於美國東部康威的大圓滿同修會以此文開啟禪修營之序幕。由大圓滿行者卻嘉‧南開諾布圓滿撰著於〔藏曆〕水豬年八月三十，這肯定是個吉祥日！

約翰‧雷諾斯
1983 年 10 月 9 日於麻省康威

　　應南開諾布仁波切的要求，並與康威大圓滿同修會的成員合作，此部關於大圓滿覺觀日夜修持之文本由約翰‧雷諾斯（Vajranatha）譯成英文。

　　薩爾瓦‧芒嘎朗

蔣秋多傑

第二部

正文主題大綱

	偈頌
標題（mtshan ston）	
I. 禮敬（mchod brjod）	1-2
II. 前行（sngon 'gro）	3-4
III. 日修法（nyin mo'i rnal 'byor）	4
A. 了知（rtogs pa）	5-12
B. 穩固（brtan pa）	13
1. 融攝（bsre ba）	14-19
2. 鬆坦（lhug pa）	20-26
C. 增上（bogs dbyung）	27-31
IV. 夜修法（mtshan mo'i rnal 'byor）	32
A. 晚間瑜伽（srod kyi rnal 'byor）	32-38
B. 晨間瑜伽（tho rangs rnal 'byor）	39-42
V. 修法利益（phan yon）	43-50
VI. 行者德能（rnal 'byor pa'i yon tan）	51
VII. 總結（rjes）	52

正文釋義
──南開諾布仁波切口授

標題

　　本文之藏文標題是「本初瑜伽之道日夜循環」（*gDod ma'i rnal 'byor gyi lam khyer nyin mtshan 'khor lo ma*）。「本初瑜伽」（gdod ma'i rnal 'byor）指的是對個人本來狀態的知識，藏文稱 *rig pa*，即淨覺──本有覺性（本覺）。本初瑜伽是阿底瑜伽和「佐千」（Dzogchen）的同義詞，後者通常被譯為「大圓滿」（rdzogs pa chen po，「佐巴千波」）。此處，這部教法被納入實修行道（lam 'khyer，轉為道用），因其不僅是一個閉關的修法，而且是如同輪子（'khor lo）般，以晝夜（nyin mtshan）相繼不斷之方式來行持的修法。

I. 禮敬

（1）標題之後是對上師禮敬和祈請（mchod brjod）的兩個偈頌。這裡作者向他自己的根本上師、即來自東藏德格（Derge）娘拉噶（Nyala Gar）的蔣秋多傑祈請。正是這位上師，以直接經驗而非僅是智識上的理解，向作者揭示了大圓滿的精要法義。然後，作者向自己的叔公鄔金丹增及多傑帕準（阿育康卓）祈請：前者乃他第一位上師，而後者則傳授給他大圓滿「央提」（Yangti）之教言與其他教法。

（2）所有的教法都與它們的傳承（brgyud pa）有關。就大圓滿而言，這些教法源自本初佛普賢王如來（Kun tu bzang po）——證悟的法身面向。祂以直接心對心的方式（dgongs brgyud，心印傳承）將教法傳給了金剛薩埵（rDo rje sems dpa'）——證悟的報身面向。祂繼之以象徵的方式（brda brgyud，表示傳承）將教法傳給大圓滿首位人類導師噶拉多傑——其為化身面向。噶拉多傑以口授方式（snyan brgyud，口耳傳承）傳給文殊友和眾空行母（mkha' 'gro ma）。然後作者請求空行母們（其為教法監護者）的許可，以便他可以解釋大圓滿傳規的少許含義。這些證悟的女性負責將得自噶拉多傑的大圓滿傳規編輯成秘密文本，稱為密續。這些密續依三系列文本來歸類，即：心部（sems sde）：「心意系列」；界部（klong sde）：「空界系列」；口訣部（man ngag sde）：「秘密指導系列」。

II. 前行

（3）一開始，大圓滿行者應藉由「轉心四思維」（blo ldog rnam bzhi）來訓練自心，其帶來我們生活態度的轉變，從而淨化我們的心相續（rgyud sbyang）。這四思維是：一、人身難得，二、壽命無常，三、輪迴過患，四、業之因果。

具體來說，這表示無論我們正在從事什麼修習，我們都必須有所覺知。例如，如果我們知道如何修一些法，像是大禮拜，但因我們懶散，致使我們不想去做，我們就必須問問自己何以如此？這是因為我們沒有覺知，而覺知意指我們不會浪費時間。此外，覺知亦意味我們應該知道教法的珍貴，以及我們現在獲得此珍寶（dal 'byor，暇滿）人身所擁有可以修持教法的獨特機會，並從這種覺知中瞭解到失去這個人身寶（mi lus rin po che）的後果。所有這些都涉及我們所指的保持覺知的意思。

通常當我們談論這四思維時，我們先說到擁有人身的重要性。學習前行或加行（sngon 'gro）時，我們逐一詳細理解有關珍寶（暇滿）人身十八項特點（dal 'byor bco brgyad，十八暇滿）的解釋。但同樣地，我們應該覺知到，儘管我們轉生為地球上的人類，但這種情況並非永久且會一直持續。在佛經中舉了一個商人的例子：由於偶然的情況，他置身在汪洋中的一座金銀島上，卻由於缺乏覺知之故空手而返。當我們最終死亡並發現自己身處中陰——即死亡與轉生之間的狀態，如果我們毫無覺知地過完整個人生，沒有意識到人身的寶貴和生命的無常，那麼我們的狀況將不會好過一隻狗。通常，在佛教文本中可以找到對情器世間無常

的詳細分析,然而這裡的重點不是背誦大量的分析,而只是時時覺知到無常的存在。

不過即使我們覺知到生命無常,如果我們不對此存在事實採取任何積極的行動,也就不會積聚任何轉生的善因,如此我們便忽略了這格外重要的業之事實。如果我們只是繼續累積惡因,那麼我們必然會在未來經歷惡果,而最終的結果將是流轉於不同的轉生命運中倍受痛苦。當我們對自己行為的因果以及輪迴受苦的普遍性有所覺知時,我們無疑會有動力去實修佛法,因其為達至解脫與證悟之必要途徑。

最重要的是,要在這四思維中訓練自己,這意指我們在任何情況下的任何特定時刻,都要試著處於當下。這不是說我們只是單純地研究佛教書籍,或沉迷於複雜的心智分析。例如,有些人以藏語學習前行文本,然後長時間修持前行,這沒有什麼錯,前行確實是一項非常重要的修習。當他們研讀這四種思維時,首先學習如何去分析什麼是珍寶人身(圓滿俱足修持佛法條件之人身)的必要條件。

這些條件為何?首先,八種不具條件的情況,即沒有機會或閒暇修學佛法。這些是:轉生於地獄,轉生為餓鬼(pretas),轉生為旁生(動物),轉生為沒有佛法知識的野蠻人,轉生於長壽天,轉生為具邪見者,轉生於無佛出世的年代,以及轉生為五根不全的人身。這些情況被稱為「八無暇」(mi khom pa brgyad),與之相反的即是「八暇」(dal ba brgyad)。其次,必須具有「十圓滿」('byor pa bcu),其分為五種「他圓滿」和五種「自圓滿」。其中,五種外在條件(五他圓滿)指的是有佛出

興於世:一位佛陀出現在世上,祂教導佛法,祂的教法被建立和延續下來,吾人即趣入佛法的修持,並且世上存在其他眾生可以作為慈悲的對象(「如來出世與說法,佛法住世入聖教,為利他故心悲憫」)。五種內在條件(五自圓滿)是由於自身的情況:一是獲得人身,二是生於可接觸教法的國家,三是出生時俱足諸根,四是非常行不善或錯誤的營生,五是對上師與其教法能起正信(「得生人中根俱足,業際無倒信佛法」)。這些條件都應俱足。

最後,當這些人開始閉關實修時,上師會指導他們逐一地深思這些分析和論述,持續約十八天。許多修行者業已完成這樣的實修,這就是要如何修習的方式。也就是說,他們依序禪修每個論點,思維珍寶人身的十八個必要條件,並從中訓練自己。

但是在大圓滿的教法中,覺知並非以此方式作用,意即我們不必建立一些論述然後加以確認。這些論述和分析的方式是由後來的導師所建立。當釋迦牟尼佛談到人身之寶貴和無常時,祂舉秋天的雲彩、山間的溪流、戲劇的製作、酥油燈閃爍的火焰等等為譬喻。學者們從佛經或佛陀的話語中摘要出這些例子,進行列舉和分析,並以此方式創造出無常這個事實的推理過程。但佛陀本人並沒有根據祂的例子來建構論述,祂試圖做的是藉由各種不同的方法,讓不同的人瞭解人身的情況。所以這裡主要並非思維這些不同的論述——其試圖建立包括我們自己生命在內之一切事物的無常特性,而是時刻護持萬事萬物無常之正念覺知。我們現在的人身如何圓滿俱足這十八種必要條件並不重要亦非主要;相反地,我們只需隨時謹記獲得人身的獨特機會,如此就不至浪費掉這個機會。我們獲得的人身要比成為貓或狗更好,因為人類知

道如何思考、如何使用並理解語言。同樣地，人類在這世上做惡的能力亦遠甚於貓狗，例如創造出核子武器。但人類也擁有此生證悟的能力，因此人類的能力遠遠優於動物，這便是人身——我們的潛能——的真正意義。覺知到我們的真實情況、我們的侷限與能力，就是我們所說的正知（dran rig）。

如果我們必須在所有這些分析的典籍中詳細研究，那麼事情就變得非常複雜，不僅對西藏人，對西方人來說更是如此。以此方式往往會失去真正的意涵，理應要避免，因此有必要加以簡化，以便瞭解所涉及的實際義理。覺知並不僅指這裡所說的這四種思維；它主要是指不要散亂，並在任何情況下盡力而為。這便是訓練我們自己保持正知正念的方式，亦即「修心」（blo sbyong）的意思。以上，這四種轉變我們態度的思維（**轉心四思維**），構成共同的前行修法。

之後還有不共同的前行修法，這些修法的目的是為了累積善業（dge bsags）並淨化我們的障礙（sgrib sbyong）。這些修法包括：皈依三寶、發菩提心或生起證悟之力求心、金剛薩埵修法和持咒、供曼達，以及上師瑜伽或與所有的上師融合。其中最重要的就是上師瑜伽。

諸如密續和大圓滿的教法都與傳承相連。傳承是一種在直接經驗層次上理解個人本初狀態的手段，無論是透過文字或象徵還是直接心對心的方式。上師（bla ma）的功能就是將修行者帶至證悟，證知自己的心性（sems nyid）如同一面鏡子，其中現起的念頭如同鏡中出現的反射一般。我們的淨覺或本有覺性（rig pa）就像鏡子反射鏡前一切事物的能力，無論其是美抑或醜，這些反

射均作為鏡子本身的特色或品質而呈現。但是因為沒有見到這面鏡子的本性或能力，我們把反射誤認為是外在具體實存之物，於是我們便受到這些反射的制約，並在這種錯誤的假設基礎上行動，導致再次墮入輪迴而流轉。正是上師他指授（ngo sprod，直指、引介）修行者區分出一邊是念頭或心（sems）、一邊則是心的本性（sems nyid）。當我們開始理解這一點時，我們才能真正談到一種知識的傳承，知識不僅是智識上的理解，而是出於實際的經驗。

　　以大圓滿來說，瑜伽（rnal 'byor）這個詞並非如通常那樣，單純指「合一」（union）的意思，而是指具有（'byor pa）自己本然狀態（rnal ma）知識的人；也就是說，他發現自己處在這種被稱為本覺（rig pa）或淨覺之本初狀態知識的現前中。這種覺知到（shes pa）自己內在淨覺或本有覺性的情況，即是我們的「真實上師」；與此情況相反的則是無明（ma rig pa）。無論何時我們皆不應讓自己與這種覺知分離。本文中所提的四種時刻或場合（dus bzhi）便是：飲食、行走，安坐和睡眠。正如我們所說，在大圓滿中主要重點就是不要散亂（ma yengs），並持續保任這種正念（dran shes），此即為本修法之根本（rnal 'byor rtsa yin）。

III. 日修法

（4）一般來說，在我們的日常經驗中，相繼不斷的是白天和夜晚的循環週期（rgyun gyi 'khorlor），如此便有日修法（nyin mo'i rnal 'byor）和夜修法（mtshan mo'i rnal 'byor）。關於日修法，有三項要點：了知（rtogs pa）、穩固（brtan pa），以及增上（bogs dbyung）。

A. 了知

（5）此三要點當中的第一個是：了知。「了知」（rtogs pa）不僅是推理（brtag pa）和分析（dpyad pa），還要依靠傳承。我們的見解（lta ba，正見）是一種觀待事物的方式，它可能包括分析和詮釋，但是「了知」基本上是在經驗層面契入該見解的知識。當我們沒有這種具體的知識時，便依賴於他人的描述和解釋，而這些可能每天都在變化。沒有真實的知識，一切萬法（chos kun）都只是虛假的影像（bden med gzugs brnyan），其實它們並不存在，不過是像鏡子裡有諸多的反射。不知鏡中影像是自己反射的一隻小貓，就會追逐著它彷彿是真實玩伴般。在大圓滿中，所有現相（snang ba）都被理解成菩提心或本初狀態的能量潛能（rtsal，「查」能量），這些現相即是該狀態的功德或裝飾。當我們契入知識時，我們對此便無疑惑，於是我們即可決斷（kho thag chod）：諸現相皆是心之神變遊舞（sems kyi cho 'phrul）。

（6）心的本性（sems nyid）從無始以來就是空的（stong

pa），無有任何自我或實質（bdag med，無我）。但是我們不應認為心只是空無一物（med pa），因為它還具有鏡子的明清。這種明分（gsal cha）無礙地存在亦無斷滅（'gags med），如同月亮以各種方式倒影於水中。心中生起的念頭是心性顯現自身的方式，但正如我們為了瞭解鏡子的本性就必須先瞭解反射一樣，所以我們必須觀察念頭，看看它們是從哪裡生起、住於何處又去向何方。然而，當我們探究這件事時，我們發現念頭沒有生起、留駐或去往之處，沒有任何可以確立的，我們所發現的便是空性（stong pa nyid），此乃心的真正特性。現在，即便情況可能如此，但念頭（rnam rtog）仍然不斷地（'gags med）生起，因此，我們所發現的是本覺智（rig pa'i ye shes），其中沒有一邊是空性（stong pa nyid）、一邊是明性（gsal ba）之二元分別，這種本智是自然且任運自成的（rang bzhin lhun grub）。在心（sems）的層次上，我們沒有發現這種不二，因為心在時間中運作，而淨覺（rig pa）的狀態則超出了心的侷限。

（7）當我們認識到現相（境相）僅是實相法性之裝飾（chos nyid rgyan）時，這些在我們六根（六感官）持覺鬆坦（lhug pa）下產生的現相，無論何時生起皆自解脫為其自身境地（rang sar grol）。六聚（tshogs drug）即五感官加上心（yid，意），對現相之感知先於任何想法或判斷的形成，這就稱「明性」。現相（snang ba）指的是外在世界，而情緒煩惱（nyon mongs）和業力習氣（bag chags）指的則是內在經驗世界。這個內在淨覺狀態的顯現就是本智（ye shes）。淨覺（rig pa）的生起總是具備任運自成（lhun grub）的面向，也就是說，其基本功德就像初升的太

陽不缺其光芒。由於我們無明於淨覺的狀態，我們的情緒煩惱只會愈趨強大，結果我們便隨逐自己的情緒。但是當我們發現自己處於情緒之淨覺狀態時，我們便不受情緒支配，也不必壓制它們，因為它們就像我們本初狀態的裝飾。如此，我們的情緒只要一生起，都會於其自身之境地解脫（rang sar grol，自地解脫）。

（8）境相與淨覺是不可分離的（snang rig dbyer med，境覺無別）。當我們認識（ngos zin）此點並發現自己處於這種狀態時，那麼執取主客二元而生起的妄念（gnyis su 'dzin pa'i rnam rtog，二執妄念）便會自地解脫（rang sar grol）。我們不會試圖以任何方式遮止或排拒它們，就只是在其現起的當下保持覺知。在這種情況下，根據行者本身的能力有三種自解脫的過程：一、藉由直視而自解脫（gcer grol，直視解）；二、念頭生起而自解脫（shar grol，生解）；三、如是而自解脫（rang grol，自解）。「直視」（gcer）一詞的意思是「純然的注意力」（bare attention），但這還不是真正的自解脫，因為在觀察我們自己時，我們仍有某種程度的努力。例如，當一個念頭生起，我們直視它的本面，它便解脫為其自身境地。shar 這個詞指「生起」，在念頭生起的那一刻，它便自解脫了。例如，當我們注意到一個念頭出現，我們不必費力去直視它，而是當它一生起，我們發現自己處於當下覺知之狀態——即本覺，它就自解脫了。當這種能力完全發展出來時，真正的自解脫（rang grol）才會發生。到了這個階段，我們便已達成本覺狀態的相續。

（9）這句偈頌說明了事物的本質。在感官接觸的第一個剎那（thol byung skad cig dang po）生起的覺知（shes pa）就是淨覺

（rig pa），其無修整或無造作地（ma bcos）被心顯現出來，且非由任何因所創造或產生（skye med，無生）。這種當下覺知的狀態為何？它是一種超越主客（能所）限制（gzung 'dzin mtha' las 'das pa）之真如（de bzhin nyid）情況；它是一種本來或自然的（gnyug ma）自生本覺智（rang byung rig pa'i ye shes）。「真如」（de bzhin nyid）一詞指出以本來清淨（ka dag）和任運自成（lhun grub，本自圓滿）二者為特點之狀態。

（10）在這種淨覺（rig pa）狀態中，普賢王如來〔真實〕境界（kun bzang dgongs pa，普賢密意）之三面向（chos gsum）全然現前。這三者被稱為「本體」、「自性」和「能量」。關於淨覺狀態，其「本體」（ngo bo）即法身（chos sku），是空性（stong pa nyid）。此「本體」為一體，即「本基」（essential Ground），於其中萬法皆一如。「法」（dharma, chos）意指整個存在，而「身」（kāya, sku）則指其次元或層面。由於在此等狀態下不存在任何業力軌跡或習氣（bag chags），我們才說到其「本體」為空性。「業」（karma）總是屬於心（sems）的層次，而淨覺或本覺則超越了心的有限功能。因此我們這裡所說的不是心（sems），而是本智或真知（ye shes）。它的「自性」（rang bzhin）即報身（longs sku），是燦然明性（gsal ba，光明）。「報」（sambhoga, longs spyod rdzogs pa，受用）指具有財富，在其圓滿中受用所有證悟的功德，「身」（sku）則指其層面。燦然明性（gsal ba）表示從「原始基位」（Primordial Ground）（即空性）中有一種能量的顯現，此顯現尚非實質，但它被區分和表現為五種本初光或五智（ye shes lnga），此層面超越了有限智力創造的

所有概念建構。它的「能量」（thugs rje）即化身，是無礙且無斷滅的（'gags med）。「化」（nirmāna, sprul pa）意指顯現或顯化，而「身」（sku）則是其層面。這裡「顯現」指的是相對層次上的東西，也就是說，在時間和歷史中所示現的釋迦牟尼佛便是這樣的化身，可以在物質層面中與有情眾生接觸。然而，化身不受制於業（las）或煩惱（nyon mongs）。因此「三身」（sku gsum）作為本體、自性和能量，從無始以來就俱足於本覺之自圓滿狀態。

（11）我們在這裡所說的這種覺知（shes pa）或淨覺（rig pa），出現在心有機會開始運作（即以主客二元來作用）前的第一剎那。在這種情況下，外在現相（snang ba）僅僅作為燦然明分（gsal 'char）的一個顯現而生起。我們所知覺到的一切都是透過我們的感知：即六聚（tshogs drug）──五種身體感官加上心（yid）──生起的。當發生感官接觸時，感受的知覺被傳達給心（yid），繼而便進入一個產生各種概念和判斷的心理過程。但當心尚未進入判斷或形成概念時，這就稱為 'dzin med，即無有任何執取。在沒有進入任何判斷的情況下，我們保持當下覺知，因此，我們說那個現相（snang ba）便自行現前或安住（gnas pa）於自身之存在實相，即法性（Dharmatā, chos nyid）中。「法」（chos）指「存在的一切」，「性」（nyid）指「於其自身境地」。所有生起的事物都有其本俱的條件或性質（rang bzhin，自性）。不同的事物可能會生起，然而它們的自性卻是相同的。例如，木和水看起來不同，且它們所展現出來的功能也不同，但它們真正的自性（rang bzhin）則是相同的，也就是空性。所有現象其能量顯現的這個層次就稱為法性。當我們講到個體的能量時，則使用「查」

（rtsal）這個詞來表示「真如法性」的這種能量。因此我們必須瞭解何謂法性，否則我們無法將自己的能量與之融合。

總之，這裡的意思是：當一個念頭在我們心中生起時，我們不要進入對它的判斷。然而，這也不是說我們當時昏沈或不專心；相反地，我們在那一刻絕對臨在於當下，完全清楚而敏銳。如果我們發現自己處在那種清晰明了之狀態，我們將超越所有的二元概念，但同時我們的感官也將全然起現行。若我們保任這種當下覺知狀態，即使有人在我們附近做些什麼，我們也只需留意卻沒有隨該念頭而行。我們的感官功能絕不會被遮止或受到阻礙，但我們不會讓心對正在發生的事情做出判斷。處在這種當下覺知狀態，我們便發現自己處於所謂的法性、即存在實相中。

（12）由於這種初始剎那覺性之本然狀態（skad cig ma yi shes pa rnal ma）遇到了如同其「母」之實相法性（chos nyid ma dang 'phrad pas），我們可以說，它事實上就是法身。這種與自己母親的相會是什麼意思？「法性母」（chos nyid ma）意指真如法性，從中生起一切萬法（chos），就像小孩由其母所生般。在密續中，我們講到一切事物都是從空性中生起的，就像例如風大元素或氣壇城（vāyumandala）生起，接著其他諸大元素相繼生起。因此空性即事物本身的情況，我們說這是 ka dag，即「本來清淨」。既然一切都是從這個法性所生，它就被稱為「母親」。一般而言，個體受限於其思維和對世界的二元觀；再者，他沒有真正瞭解何謂不涉入推理與二元分別之空性。但這裡有一個與法性母智慧面對面的相會，這不涉及任何心智運作，沒有推理或妄念思維，我們只是經驗到存在本身的這個層面，也就是法身。法身並非指佛

的一個圖像，交疊雙手盤腿禪修；本初佛普賢王如來的圖像之所以存在，只是為了給人類有限的智力提供某種關於法身意義的想法。此圖像只是一個符號，但法身本身確實超越諸如形象、顏色等的想法與表達，它是存在本身周遍一切的境界。

何謂心（sems）？它必須和所謂的心性（sems nyid）區分開來。為釐清此點，便舉了鏡中反射的例子：心中生起的念頭就像反射，而具有反射能力的鏡子本身則如心性。當念頭生起，我們不隨念頭進入戲論分別（dmigs pa，所緣、對境），就只是保持當下，這種心性的特質便稱為本覺。本覺意指當下覺知的狀態，這種本覺也是自圓滿的，也就是說，從無始以來於其一切功德中即任運自成，是故並不是獲得了「我們現在所沒有的東西」的這種問題。相反地，當我們發現自己處於當下覺知狀態時，這種狀態便會任運顯現其所有本俱的功德特質，這正是自圓滿的意思。此乃任運自成之淨覺（rig pa lhun grub）原本自然真實的狀態，即是本然之「大圓滿狀態」（rdzogs pa chen po'i dgongs pa rnal ma，大圓滿之本初密意）。何謂「大圓滿」？它不是某個文本、傳統、教派或哲學體系；相反地，它是個體的本初狀態，從無始以來就是清淨且任運自成的。發現自己處於此狀態就稱為大圓滿。當我們知道這種狀態時，這就是知識（rig pa，本智）；當我們不知道它時，就是無明（ma rig pa）。

B. 穩固

（13）這裡的第二個主題是：「穩固我等之修持」（brtan

pa，穩固）。我們現在對之前不懂的本覺狀態有了一些了解，下一步，我們必須以「發現自己處於此當下覺知狀態」來訓練自己。處於此當下覺知狀態就稱為三摩地或覺觀（ting nge 'dzin，禪定）。在佛經和密續中對於此有許多方法，但這裡著重於三精要口訣（man ngag gsum）：一、融攝（bsre ba）；二、鬆坦（lhug pa）；三、增上（bogs dbyungs）。此三者都涉及將當下覺知帶入日常生活。這些口訣指導中的前二者，即融攝和鬆坦，列在「穩固」的標題下；而第三個口訣指導則是三要點（了知、穩固與增上）當中的第三點。

1. 融攝

首先，我們必須著重融攝（integrating, bsre ba）或保持當下的方法。我們採取一個舒適的姿勢，讓自己的外在和內在都放鬆（khong lhod）下來，不受任何事物影響（無任何興奮掉舉），我們將覺識融入面前清朗開闊的天空中（mdun gyi mkha' ru ar la gtad），此修法叫做「南卡阿德」（nam mkha' ar gtad，融入虛空）。然而，若我們凝視一個定點，則稱為「專注」而不是「阿德」（ar gtad）或融攝。此處我們所專注的虛空當中沒有確實的定點，再者，當我們凝視天空時，在我們凝視的方式上，似乎是我們眼睛的覺受消失於天空的廣闊之中。虛空的廣闊與我們的狀態相融，我們以此方式持續。若我們只是看入天空，這就稱為「看入天空」；但「阿德」這個詞表示我們有一個能量重新融攝的過程正在發生，即使心方面沒有任何事情要做，但在我們凝視天空的那一刻，心仍然以純然的注意力存在著。

（14）當我們以這種方式安定下來，契入一種覺知而放鬆的狀態（lhug par bzhag pa），無有散亂（yengs med，無散）亦無有造作之禪修（sgom med，無修）時，這種猶若虛空般的初始覺性（shes pa nam mkha 'ltar）也是一種對戲論分別沒有任何貪著或執取的情況（'dzin chags bral ba'i ngang）。禪修涉及心的運作故非覺觀，覺觀超越了心的範疇。關於融入虛空（「南卡阿德」），心沒有什麼可做的，沒有要觀想或持誦的；我們並不想著任何事情，所存在的就只是一種純然的注意力。臨在於當下的這種覺知（shes pa）如同虛空，其中絲毫沒有任何意念造作或執取。它只是一種單純的明分現前，然後我們於其中持續。

這類似於驚訝愣然（had de ba，「海德瓦」）的時候；例如，當我們聽到附近響亮而尖銳的聲音時，所有思考過程都會暫停片刻，從而生起一種純然赤裸的覺性（rig pa rjen gcer shar），其中無念之安止狀態（gnas pa，靜）和念頭起伏（'gyu ba，動）二者不存在二元分別。寂止（Zhine, zhi gnas）或梵語的「奢摩他」（Śamatha）是一種安止狀態，其中沒有妄念（rnam rtog）出現，然而，這種情況並非覺觀本身的意思。寂止只是一種平靜安止的經驗；當念頭生起時，則是起心動念的經驗。本覺或淨覺的狀態既非止念亦非動念，而是在這兩種狀態中皆存在的當下覺性。

（15）當持續於覺觀期間（mnyam bzhag，座上），既不落入昏沈（bying ba）亦不落入掉舉（rgod pa）的情況下，我們便發現自己處於一種甚深之清明狀態（sal le hrig ge ting nger gnas pa'i ngang）。有許多類型的奢摩他或寂止修法，同樣於修持中也有各種過失，諸如昏沈和掉舉。在經教體系中，針對這些過失有

對治法,但在這裡解釋則說,處於本覺狀態即超越任何這樣的過失;於本覺狀態中,從無始以來從未有任何過失。因此,這裡的理趣是我們發現自己完美地處於該狀態,當此狀態現前時,既無昏沈亦無掉舉,是故沒有應用對治法於過失上的問題。這是大圓滿口訣部所教授的重要義理,即當我們持續處於這種當下覺知狀態,即使我們故意生起或壓制念頭、執著於一個念頭或又衍生其他念頭,念頭依然會安住於其自身境地(rang sar gnas,自地安住)。無論念頭何時出現,我們皆不至散亂或離於當下覺知狀態,念頭將會自解脫(rang grol)。儘管所有這些念頭都可能發生,但絕不會改造或修整我等當下覺知的狀態。

(16)我們持續於覺觀狀態之期間稱為「座上」(mnyam bzhag),而出了此狀態(出定)後續的時間稱為「座下」(rjes thob)。出定後,衡量我們於修中穩固(brtan pa'i tshad)的程度,就是我們是否受限制性思維(rkyen dbang)力量的影響。除非我們能夠所有時間都保任「大覺觀」狀態,否則每段入定期之後總是跟隨一段出定期。然而,即使我們出定了,我們的淨覺或本覺(rig pa)也不會受到妄念的影響。例如,如果我們坐在這裡想著:「我想喝一杯水」,那時我們便散亂了,我們的覺知就受到這個因的影響。但當我們不隨即散亂並發現自己處於那一刻的當下時,這就是對於我們修持穩定度的衡量標準。同樣地,當我們實修時,不同種類的道驗(sgom nyams,修驗相)可能會透過境相、聲音、感受等而出現,它們是自動生起的,不受限於我們的想法或判斷。可能會出現視覺經驗:像是光、色彩、氣場(auras)等;或覺受經驗:諸如身體輕盈、呼吸停止等。這些驗相(nyams)

只是我們諸大元素的能量顯現，對此沒有什麼可擔心的，因為我們放鬆了，我們的能量便被釋放出來，如此才生起視覺和覺受上的體驗。

（17）這些驗相（nyams）不僅在覺觀（定）中生起，還會出現在出定之後。藉由發展我們的修持能力，我們會感到所有事物都是不真實的，亦即將一切感知為一種幻相（kun snang sgyu mar mthong ba），這表示我們的執著越來越少。或者我們可能會有空性的經驗，好像某件事真的發生在我們身上。這種經驗截然不同於只是在一本哲學書中讀到空性，或透過詳盡的心智分析而達成對空性的一種理解。或者我們可能會對空（void）產生一種恐懼；或者我們可能有能力保任淨覺狀態，且似乎沒有念頭生起；又或者看起來我等行者已發展到不再需要任何特定修持的階段，彷彿不會有任何錯謬。然而，所有這些只是修行中的驗相，它們不是什麼壞事或因此需要被壓制。

（18）如果我們想要觀察陽光的情況，首先必須去除遮擋太陽的烏雲，然後便可見到太陽，其自圓滿（lhun grub）的特質即能如是地開顯出來。這就是「成就」（thob pa）的意思，而不是獲得我們尚未具有的某個東西，或特意造作構建出來什麼。發現自己處於淨覺狀態的行者，並非單純安住在只是心智所瞭解的空性層次，而是他確實契入空性的層面，這便是成就無上法身——即「心的本性」（sems nyid chos kyi sku mchog thob pa）。*kāya* 這個詞通常翻譯為「身」，意指吾人整個層面。因此法身（chos sku）就是一切萬有的層面。悟證這一點，每當念頭生起，對我們而言念頭永遠不會變得具體，而是始終維持在空性的狀態。由於我們不再受

制於念頭和概念，我們便證得了無妄本智（rnam par mi rtog pa'i ye shes thob pa）。藉此方式，吾人減少自己的障礙和垢染。

（19）由於我們的垢障（sgrib pa）和習氣（bag chags）已完全淨化，情緒煩惱（nyon mongs）便不再顯現來干擾我們；它們不再失控（bag la nyal）、像野馬般地跳向我們。即便我們可能還是個凡夫，生活在血肉之軀的人類層面，如果我們能夠發現自己處於本覺狀態，我們就已克服了輪迴流轉的限制性，這表示我們不再受制於心中所想。一位真正的大圓滿行者，發現自己處於大圓滿狀態，即使涉入自身相關之具體物質世界，亦不受周遭環境的影響，因此，他不會像一個將有關自己的一切均視為堅實的人一樣受苦。我們可以說這樣的人已克服了輪迴流轉和業力境相，是故他屬於聖者（Āryas, 'phags pas）（阿羅漢）之家族。

2. 鬆坦

（20）第二個是有關鬆坦的口訣指導（lhug pa'i man ngag）。「放鬆」通常使用的詞是 *glod pa* 或 *lhod pa*，然而我們會放鬆得陷入昏沈（無覺知）；「嚕帕」（lhug pa）這詞則指放鬆但覺知而臨在。因此，處於持覺鬆坦（lhug pa）下，無論現相何時生起，也無論其以何種方式出現，在心對此無所修整的情況下，現相均被視為僅僅是該狀態本身的裝飾（rgyan gyi ngang nyid），該狀態即是實相法性（chos nyid）。在大圓滿口訣部，有一種讓境相如其所是的修法（snang ba'i cob zhag，境無改安住）。我們不涉入推理或用分別心來改變它，如此，無論現相何時生起，它們都會保持如其所是，且絕不會反過來束縛個人，這些現相

（snang ba）便如同個人「查」能量（rtsal）的裝飾（rgyan）。此人發現自己處於鏡子的真實狀態，任何生起的現相都像是鏡中的反射；而這些反射，無論美醜，絕不會限制鏡子。因此，無論生起什麼都不會帶給個人任何問題。正如帕當巴（Phadampa）大師所說：「外境不會束縛你，而是對外境的執著束縛了你；這種執著源於個人而非對境。」我們內在存在一種淨覺（rig pa）的狀態，它是無改造、清明和赤裸的（ma bcos sal hrig rjen ne ba）。因其不受制於妄念或心意改造，故無造作（ma bcos pa）；「赤裸」（rjen ne ba）意指，在起念的剎那，我們臨在於當下，且不涉入任何分別或推理。如此，處於持覺鬆坦之際，念頭一生起，我們將之放鬆為其本來如是之自地（de bzhin nyid du rang sar glod pa）。

（21）「持覺鬆坦」（relaxing with presence）表示：當感官接觸對境時，我們對該對境不涉入想法、推理或分別。通常情況下，當我們看到某樣東西，心就會對它作出判斷以作為對此的反應，便有可能會生起一種貪執或厭惡的情緒。然後，由此情緒進而採取行動，我們便積聚了更多的業力，乃至繼續流轉於輪迴。然而，「不進入推理或分析」（mi dpyod pa）這句話，並非指我們要去阻擋念頭。例如在禪宗的修學中，吾人進入一種無念狀態（mi rtog pa），不遮止任何念頭而經驗到空性。比方我們在桌上看到一本書，我們可以拿走這本書，或者將它留在原處，好像它不是什麼重要的東西。遮止念頭表示我們正把什麼東西拿走，並試圖消除它。但是當我們講到不涉入推理和判斷時，這表示將某樣東西留在它的原處，如它本來一樣，而不受其干擾或分心。然而，即使我們沒有進入推理和判斷，於一種清晰覺知到當下的狀態下，念頭還是繼續生起，

無有間斷或阻礙。重要的是要瞭解在大圓滿的脈絡下何謂「不散亂」（ma yengs），它指的是處於覺知，而不是指有某個精神警察不斷在心中湧現，說著：「現在給我注意！」

當我們發現自己處於本覺狀態時，其本俱的功德就會以任何形式顯現出來，是故沒有什麼要去打斷或造作的。太陽的光芒即當太陽照耀時其俱生之本性。同樣方式，所有一切都是作為吾人能量之裝飾而生起，這樣的現前即是自圓滿（lhun grub）於此狀態。在大圓滿中，任運自成（lhun grub）是一個非常重要的理念。如果我們只講到本來清淨（ka dag），那麼大圓滿便與禪宗無異；但這種對自圓滿（lhun grub）的認知，使得大圓滿與禪宗區分開來。當我們臨在於本覺狀態時，我們所看到的一切都是我們自己「查」能量（rtsal）的一種顯現，如同鏡中的反射。圍繞吾人自身的整個層面，在本覺妙力（rig pa'i rtsal）下皆是任運自成（本自圓滿）的。正如本文中所說：「當現相——其為六聚之對境——單純作為吾人清明（sal le ba）狀態之裝飾而起現時，無有任何阻礙（'gags med）亦無任何伺察（mi dpyod），那麼它們便如其所是地全然圓滿。這些被經驗成本覺之妙力（rig pa'i rtsal），離於任何執取（'dzin med）或戲論分別。」因此我們契入這種不二狀態，持續於其中保持當下並放鬆，這就是「嚕帕」（lhug pa）的意思。

（22）當我們談到覺觀（入定）期間或「座上」（mnyam bzhag），意指處於本覺狀態。「座下」（rjes thob，後得）這個詞指的是出定後的時間。「大覺觀」（Great Contemplation, ting'dzin chen po）指行者已達一定的發展階段，他的覺觀不再受限於正式的座修。但對初學者來說，總會有入定和出定這兩個時

段。因此，當於定（mnyam bzhag）中，於五根門的對境不涉入任何分別或伺察（mi dpyod pa）的同時，在一種覺知而放鬆的方式下，容許現相清晰明澈地生起，離於任何散亂或戲論分別之執取（gsal dvangs mi g.yo 'dzin med lhug par shar）。「米唷瓦」（mi g.yo ba）這個詞的意思是「不動搖」或「不散亂」；當本覺狀態被打斷時，這就是「唷瓦」（g.yo ba）或散亂。據說釋迦牟尼佛曾多次處於一種不動搖之三摩地或不動禪定（mi g.yo ba'i ting nge 'dzin）狀態。但這不是指身體必須不動；相反地，這指的是祂處於一種淨覺（rig pa）狀態，祂沒有因心理活動起了散亂而從那狀態移開。祂既沒有散亂也沒有受到念頭牽制，反而完美從事所有動作——移動、說話和思考論證。然後在出定後（rjes thob），即使感官上出現某種具體的事物，其亦似乎沒有固有的現實（不具本體）。情緒煩惱亦然，它們並非實有或說它們為無自性存在。以此方式，無論感知到什麼都成為安住於本智（ye shes）的手段。

（23）論述完外在現相（snang ba），現在我們來討論事物主觀的一面，也就是個人自己。五毒（dug lnga）即五種煩惱（nyon mongs lnga）：貪（'dod chags）、瞋（zhe sdang）、痴（gti mug）、慢（nga rgyal）和嫉（phra dogs）。每當這五種情緒起現而導致妄念（rnam rtog）生起時，我們在面對它們時持覺鬆坦（lhug pa）而不進入戲論分別（'dzin med）。另一方面，我們不應像在經教體系中那樣，試圖以某種對治法來遮止它們（gnyen pos spang ba，捨棄對治）；或者像我們在密續系統所做的，藉著轉化法（thabs kyis bsgyur）來轉化它們。例如，在經教體系中，對治貪執就禪修肉體的不淨觀；對治瞋怒就禪修慈愛；對治嫉妒

就隨喜他人的功德，等等。再說到密續系統，我們則是將煩惱轉化為本智，比如將瞋轉化為一位嘿魯嘎（Heruka）的忿怒。因這些煩惱既沒有被遮止也沒有被轉化，那麼它們在行道中出現時就自解脫（rang grol）而現前本智（ye shes）。

當我們不在本覺狀態時，情緒煩惱就變成毒藥；且因這些煩惱破壞並妨礙我們的證悟，它們就稱為魔（bdud），迫使我們繼續於輪迴流轉。如果我們追逐一個妄念而進入心理活動，這個念頭對我們來說就可能會變成毒藥，以此方式我們便成為情緒的奴隸。但如果我們保持當下覺察，我們就絕不會受念頭束縛，而無論生起什麼都只會像鏡影一般。如此，我們便不需要運用某種對治法來遮止情緒，因為情緒會於自地自解。這裡我們甚至沒有談到「切卓」（gcer grol，觀察即解脫）——藉由純然的注意力而解脫，也就是說，當我們看入心中生起的一個妄念之本面時，它就自解脫了。這個過程仍然需要某種努力，但這不是我們在這裡要說的。「嚕帕」（lhug pa）這個詞意指帶著覺知地放鬆，如果我們感受到某種情緒生起，然後我們放鬆該情緒，沒有想要阻止它或試圖運用某種對治法。我們並非屈服於情緒，僅只是現在這個情緒由我們的本覺（rig pa）所統攝。有了這種鬆坦的當下覺知，我們的情緒本身即變成只是我們本初狀態自顯的俱生功德。這就是情緒煩惱自解脫的方法。

（24）現在我們來討論禪修期間生起的驗相（sgom nyams）。顯現為明性和空性（gsal zhing stong par snang）的這些經驗，會在一種境相與空性（snang la stong pa'i ngang du gnas pa，境空中安住）的狀態，或念頭相續與空性（'gyu zhing stong，念空不二）、樂受與空性（bde la stong，樂空不二）等狀態下現前，從而可能會生起各式各樣之樂（bde ba）、明（gsal ba）和無念（mi rtog pa）的心識經驗（shes nyams），所有這些經驗都與個人有關。

（25）「身」（kāya）這個詞意指我們整個存在層面。了知到「所有現象為法身即整個存在層面」（chos kun chos kyi skur rtogs te），我們契入一種萬法真如實相（de bzhin nyid kyi ngang）之知識或覺知（shes pa）的狀態，無有任何意念修整。這種不二的自圓滿覺知如同一個完美明點（thig le）現前，其圓滿、平等，離於二元分別（gnyis med mnyams rdzogs，無二平等圓），這樣的明點既無角度亦無限制，我們的能量即圍繞著其中心任運自成（lhun grub）地顯現。如此，我們可以說證得了整個「本初智慧之界」或「智慧身」（Jñānakāya, ye shes sku），於是光明本智（gsal ba'i ye shes）便現前。

（26）感官所接觸之對境為數眾多，但在這裡，個體不再受制於這些對境。現在我們具有一種鮮明的體驗：無論出現什麼都不具本體，而是如同鏡影一般。由於我們所感知的對境（gzung yul）起現為實相法性的顯現（chos nyid snang ba），我們的煩惱和垢障便被淨化了（nyon grib dag）。以此方式，我們克服了煩惱障（nyon mongs kyi sgrib pa）並得到解脫。因為一種本覺智（rig pa'i ye shes）於自內起現，個人便能使自己脫離造作惡行（tshul ngan bral，離惡行）之纏縛。我們不再受限於必須學習要做什麼以及不做什麼；我們已經克服了情緒煩惱的諸多限制，並且發展出明性；我們不再是外境的奴隸，而是自動以自己的覺知來管理

自身，負面的態度行持便無法再生起。何以故？因為所有個人所生之不善皆因缺乏明性和覺知之故。當此人從其煩惱、習氣和垢障解脫出來，他即刻被稱為屬於聖者菩薩之家族。

C. 增上

（27）接下來討論第三個主題：修中增上（bogs dbyung）。〔此亦為三項口訣指導中之第三者；〕前二項指導係有關融攝（bsre ba）和持覺鬆坦（lhug pa），此二者皆帶來個人修持的穩固。現在，為了於此修持中受益並進步，從第一剎那起，我們的覺知即當保持鬆坦安住並不加修整（skad cig shes pa ma bcos lhan ner bzhag）。此等本覺係一種無妄念的淨覺（mi rtog rig pa），清晰而明了（sal le hrig ge），其狀態不受制於妄念。然而，無念（mi rtog pa）並不意味著妄念完全不生起，只是我們不受其生起之影響。本覺廣大無邊，總是有容納念頭生起的空間。若情況並非如此，那麼就無法在身、語、意各方面的活動中，將覺觀與日常生活相融合。無論如何，本覺狀態是在時間之外並超越時間，因此它亦超越心。我們會發現自己處於本覺狀態，卻完美地涉入身、語、意的所有活動。於本覺狀態下，是有可能讓各種念頭在無害的情況下生起，甚至有可能將這些想法付諸行動，所需要的就是我們必須明確地臨在於當下覺知狀態。以此方式，我們覺知的相續（shes rgyun）就會保持穩固而無散亂（ma yengs brtan par skyang）。這就是我們如何於此修持中取得進展的方式。

（28）當持續覺觀期間（mnyam bzhag，座上），吾人既不

受昏沈亦不受掉舉的影響，因為在真實的本覺狀態下，沒有任何過失。而且，一切事物皆自顯為空性，空性即實相法性（chos nyid stong pa nyid du snang ba，法性空性中所顯）。我們的整個境相生起為個人狀態的裝飾，既是如此，就有辦法重新融攝我們的能量。在覺觀期結束後（rjes thob，座下），我們應不受制於念頭，持續處於「心的本性」狀態，在心性真如性中保任（sems nyid de bzhin nyid du skyang bar bya）。

（29）然後是關於禪修中出現的驗相（sgom nyams），即無論禪修與否，我們發現自己處於一種不二的狀態（gnyis med ngang）。「禪修」（sgom pa）在這裡並非指一種心識活動，諸如觀想或辨析，而是單純發現自己處於一種當下覺知狀態（rig pa）。在這種情況下，不會出現戲論分別，或是任何心理上的限制。無論何等現相生起，亦無論圍繞著我們的是何景象，它們都會作為個人覺觀〔「羅巴」〕能量（ting 'dzin rol pa）之力用而生起。一切萬法如是之實相法性（chos rnams kun kyi chos nyid ji bzhin pa），在不離自然之本來情況下自現（ye babs gnas lugs ngang las g.yo med）。

（30）就我們的整個層面（sku，身）而言，無論出現任何現象，有形抑或無形（可見或不可見），所有這些均完全被處於實相法性狀態之自身所淨化。「完全淨化」（yongs dag pa）並非表示我們藉由某些心識活動來消除現象，毋寧是個體發現自己處於諸法如是之情況，在這個意義上一切才都被「淨化」的。沒有必要去消除鏡子的反射，而且事實上，契入鏡子本性唯一的方式就是透過反射。在這裡，個人發現自己處於鏡子反射的實際能力中，

是故所有這些反射本來就是清淨的。如此,該人即被稱為證達殊勝之無二身(gnyis su med pa'i sku mchog),於該境地,主體和客體不再有所區隔,於是一種絕不遭心識活動所覆障之無染本智(gos pa med pa'i ye shes)便現前。

(31)這些所知障(shes bya'i sgrib pa)確實可能極其微細,我等藉由完全淨化我們的所知障,從而於萬法如是之實相法性中證得一切遍知(chos sku chos nyid ji bzhin mkhyen pa)。由於此人從知者與所知之所有二元分別中解脫出來,他即被稱為屬於遍知如來之家族。

IV. 夜修法

（32）關於夜修法（mtshan mo'i rnal 'byor）有兩個練習：第一個練習是在晚上即將入睡前做（晚間瑜伽）；第二個練習則是在早上一醒來時做（晨間瑜伽）。當一個人睡著，感官便休眠了，因此我們必須在入睡前練習，那時所有感官都仍在運作。我們放鬆所有感官以契入覺觀狀態（mnyam par bzhag pa，平等住），不讓我們的感官進入一種受限的情況；我們只是讓事情如其所是，而不會以任何方式變得焦慮緊張。此外，個人必須將專注練習與睡眠融合（bsam gtan gnyid dang bsre bar bya）。何謂專注力之禪修或「禪那」（dhyāna, bsam gtan）？當我們強力專注於一個所緣物或對境上，然後慢慢放鬆注意力，這種修持稱為「奢摩他」（Śamatha）或寂止（Zhine, zhi gnas），即「讓心平靜」；當我們比較以念頭的運作來修時，則稱為「毘鉢舍那」（Vipaśyanā）或勝觀（Lhagthong, lhag mthong），「禪那」即意指此等方式的禪修。在這個夜修法中確實存在最低限度的注意力，並保持心的觀照，然後我們必須將此專注力與我們的睡眠融合，如此我們才能帶著專注的覺察入睡。

A. 晚間瑜伽

（33）我們怎麼修呢？臨睡之前，在我們的兩眉之間觀想一個白色阿字ཨ，或一個五色虹光的小圓珠（thig le，明點），約一粒豌豆的大小，這要觀想得很清楚。在大圓滿口訣部，則觀想

這個字母或一個細小的白色光球於心間,因為觀想於眉心會太過清醒,可能便無法入睡了。但在這裡我們觀想於前額中央,因為這樣會自動控制我們所有的生命能量或氣(prāna, rlung)。若難以觀想白色阿字,則應作些調整。行者必須以覺知來從事,是個人要調整練習方式,而非以練習來調整個人。如果我們能夠做這項觀想但卻無法入睡,就沒有什麼用處。我們也不應觀想得過於明亮,因為此舉很容易妨礙入睡。另一種替選方案,則是觀想一個彩色虹光的明點(bindu, thig le)或珠子,類似孔雀羽毛的翎眼。如果我們成功於觀想這種五色明點,這對於證得對諸大元素的控制很有幫助。首先,我們將注意力專注(gtad pa)在這個禪修所緣物上,然後稍微放鬆(lhod pa)我們的覺識,否則我們將無法入睡。

(34)當我們在一種六聚(tshogs drug)被猶帶覺察地放鬆為其自地(rang sar lhug pa'i ngang nyid du)的狀態下入睡時,我們的覺知不會被妄念所污染(kun tu rtog pa'i dri mas ma sbags),自性光明(rang bzhin 'od gsal,自然光)便會出現。當我們專注於一個禪修所緣物時,就沒有空間生起無關的念頭。但當我們稍加放鬆,念頭很容易生起,乃至個人會被念頭牽著走。我們不應試圖遮止這些念頭,但若沒有足夠的當下覺察,我們就會散亂分心,然後陷入這些念頭中而無法馬上睡著。但若我們持續處於一種放鬆狀態的當下覺知中,就容易成眠,這表示我們已將這種淨覺(rig pa)與睡眠融合,而這便稱為自性光明(rang bzhin 'od gsal)。然後我們將會發現自己處在實相法性(chos nyid ngang du gnas)的現前中,不因妄念干擾而散亂。

(35)然而,若我們可以觀想卻無法入睡,那麼該怎麼做呢?

當我們上床睡覺時，因為心仍在作用，念頭便持續出現。因此，當一個念頭生起，在那個覺知的剎那（skad cig shes pa），我們發現自己對任何生起之念頭都帶著純然的注意力，即使有其他念頭侵擾，我們依然持續處於這個洞澈清晰的覺性（rig pa）中，不會將之辨識為安止狀態或起心動念（gnas 'gyu'i rang ngo gang yang mthong med），這個過程也絕不會妨礙個人入睡。反過來，若我們因思考和散亂導致陷入諸多不同的念頭而使心掉舉，那麼我們就無法入睡了。無論如何，本覺（rig pa）狀態絕不會有損我們的睡眠。因此，發現自己處在了了分明的當下狀態（seng nge ba，「辛埃瓦」），我們即住於此種深寂的覺知中（shes pa tsan ner bzhag）安然入睡。

（36）這樣的睡眠（gnyid log）本身，即是我們得以契入法性光明的助緣（chos nyid gsal ba'i rkyen）。我們所有感官的功能，便於一種當下覺知的狀態下，發現自身整個收攝入法界（Dharmadhātu, chos dbyings ngang la yongs thim）。我們可以發現自己臨在於那種覺觀狀態，直到我們完全睡著。

（37）當我們睡著，我們會脫離物質肉身的習氣（lus kyi bag chags）、境相的習氣（snang ba'i bag chags），以及心識作用的習氣（yid kyi bag chags）。在清醒狀態下，這些業力習氣分別顯現為我們的物質肉身、所感知的外境，以及心的功能。為什麼我們講到脫離？例如，一個房間的實體牆壁代表物質上的限制，我們無法自由地穿牆而過。但是當我們臨在於本覺狀態時，我們便不受制於物質肉身。當我們臨在於這種狀態時，有一種方法可以克服這些侷限，使我們發現自己處於實相法性中。這是如何呢？

從我們入睡一直到開始作夢的那刻，這時沒有心意作用（yid mi 'byung），而我們發現自己處在法性的現前（chos nyid ngang gnas pa）中，我們將經歷到與所謂的自性光明某種程度的融合（rang bzhin 'od gsal 'dres pa'i tshad du shes）。在這種情況下，我們將能不費力地經驗到清明夢並控制其內容。更進一步，在死亡的那一刻，我們亦將能帶著全然的正知正念而臨終。而當我們帶著當下覺知死去，那麼在法性中陰（Chonyid Bardo, chos nyid bar do）中，所有出現的特異景象都將單純作為任運自成（lhun grub）之顯現而生起，我們將依此認出它們。所出現的這些任運自成的品質即是報身的功德。入睡是一種類似於死亡的過程，因此在今生精通作夢狀態，將使我們能夠掌握死亡和中陰境界。在自性光明狀態下入睡，即相當於法性中陰的體驗。

下一階段便開始作夢。作夢狀態類似於受生中陰（Sipai Bardo, srid pa'i bar do），後者之所以稱為「受生中陰」，係因它代表轉生過程的開始。當我們知道自己已經在中陰時，我們可以做很多事情來改善我們的處境。如同在夢境中的情況，我們在中陰不受制於物質肉身，然而所有感官功能仍在作用。如此一來，基於行者在世時的修行，情況就會好很多，也將比自知處在死後經驗中的凡夫發展出更多的明性。由於有了較高的明性，行者在中陰將有能力了解自己的情況，以及正在發生什麼；他不會無助而盲目地到處被其業風所驅使。但此等能力只有當他在中陰時提起正知正念時才會出現。這類似於清明夢，是故我們可以在日常修行中利用夢境證得此能力。在清醒狀態下，我們只能藉由門走出房間，但在作夢狀態下，我們則可以穿過看似堅實的牆壁。這

種作夢狀態的經驗非常有利於克制日常生活中的執著，因為我們〔在夢中〕直接體驗到一切事物不具實質亦非真實存在。

（38）當我們處於自性光明的狀態時，不會生起造成散亂之妄念。我們的當下覺知狀態被收攝入其「母」（rig pa mar thim）即自性光明之中，於是我們發現自己安住於實相法性（chos nyid ngang du gnas，法性中安住）境界。就像經歷長期分離後獨子與母親相遇，如此而說到「子光明」，這是我等在一生的修持當中所經驗到的；而「母光明」則是在入睡時，尤其是在死亡時刻所經歷的。我們在這裡看到的是能量重新融合的原理。作為自性光明修持的結果，在覺觀座下（rjes thob）期間，此情況指的是作夢狀態，我們開始在夢中經驗到覺知，即當我們仍在睡眠時夢中知夢。因此，倚靠自性光明的修持，我們不需要任何其他特殊的夢修法或夢瑜伽。再者，發現自己擺脫了所有的幻相與迷妄（'khrul bral，離幻），夢將生起如益友，以顯現我們整個存在層面及其本初智慧（sku dang ye shes grogs su shar，身與本智助伴現）。

克服幻相（'khrul pa）有兩種觀待方式。第一種方式：當我們還在睡覺時，藉由夢中知夢，我們了知夢境的虛幻本質；而在清醒狀態下，我們更加意識到日常生活中一切事物的虛幻本質。第二種方式：我們不再是睡與夢的奴隸。當睡著時，我們容易以受制於日常生活同樣的因素而受制於夢。因此，藉由這種修持，作夢成為發現真實知識的一種方法，其亦成為增長我們存在層面和本初智慧（sku dang ye shes，身與本智）顯現的方法。以上總結了晚間的練習（晚間瑜伽）。

B. 晨間瑜伽

（39）當我們從睡眠中醒來時，也有一種晨間的練習（晨間瑜伽）。這裡要怎麼做呢？當我們在清晨醒來時，會生起一種本智，其不經意念改造，且是住於其自地中（ye shes rang so ma bcos pa，本智本來無改者）。然後我們如常再次進入心與感官的運作中，就像一位亡者發現自己轉生為一具新的身體。然而，若我們維持於此淨覺之本然狀態中，無有任何散亂與造作之禪修（sgom med yengs med rnal mar bzhag pa，任持無散無修真實中），那麼我們將會發現自己清寂明朗地處在自己的俱生本性中，不受任何妄念的擾亂（rang bzhin mi rtog lhan ner gnas pa，自性無念坦然住）。發現自己處於此狀態的人，不受任何外境或妄念之束縛，名之為無上導師普賢王如來（kun tu bzang po）之密意（dgongs pa）。普賢王如來代表個人真實之本初狀態，可以說是個人的「秘密上師」（gsang ba'i bla ma），此處亦為一種修持上師瑜伽精要的方法。我們必須明白，這種本覺狀態等同於上師自身之狀態，而且這個本覺狀態正是我等本俱之本初狀態。因此，上師瑜伽並非結合或融合兩個分開的實體，即上師和我們自己；相反地，從無始以來此二者就是不可分離的。體驗到上師之狀態無別於我們自身狀態的這種認識，就是修持無上之上師瑜伽的方法。

（40）如此，當我們醒來時，發現自己處在當下覺知狀態，我們以一種純然的注意力（gcer gyis bltas pa，赤裸直視）看入這個當下覺知狀態的本面（rang ngor bltas，面見自性），看看那裡會有什麼。然而，在處於當下的這一刻，我們找不到任何可茲辨

識或確認之物（ngos bzung bral ba，離於分別執取）。更有甚者，我們找不到任何禪修者，也就是正在禪修的人（sgom mkhan）。如此，這種清明赤裸的自生本智（它在一醒來時出現，並且找不到任何可茲確認之物），當它生起即自解脫（rang byung ye shes sal le rjen ne ba shar grol，自生本智清裸生即解），從而一種〔生起與解脫〕無二的本智（gnyis med ye shes）便現前。這是在此修持中非常重要的一點。儘管我們在這裡講到早上醒來時修，事實上我們應盡量時時刻刻來修持。這樣做的原因是，即使我們相信自己無時不處在這種覺性狀態（rig pa），卻依然可能會有點昏沈或睏倦。要解決這個問題，我們不應採取某種策略，認為首先我們必須做這個、然後做那個。相反地，僅只是處於當下，就是一個將我們引導至本覺狀態的先決條件。然而，這種情況並不涉及任何思維、任何意念之運作，而是一種單純發現自己處於當下狀態的方法，此當下狀態中存在著益發增長的明性。一般來說，這也是一種「更新」（refresh）我們覺觀的方法，並且是「自生本智」（rang byung ye shes）這個著名術語所指的意思。因此，在早晨一醒來，一種〔生起與解脫〕無二的本智會生起，且當它生起時，便自地自解脫了。

（41）在那一刻，發現我們自己超離客觀世界（snang yul bral，離顯境）平常的業力境相，並超越所有的二執妄念（gnyis 'dzin kun rtog las 'das），一種無念的本智（mi rtog ye shes）便清晰顯現。如此，我們保任於此覺性中，其絕不受妄念所縛。由於我們以此方式任持覺性，一種不受妄念污染的光明本智（ma bslad gsal ba'i ye shes）便清楚地呈現。且由於我們沒有維持在主

客（能所）二元的層次，一種大樂的本智（bde ba'i ye shes）即清晰現前。

（42）因為我們已經了達一切萬法本身即是實相法性（chos kun chos nyid rang du rtogs 'gyur），隨後生起了一種絕無錯謬之無上本智（gol ba med pa'i ye shes）。然後，由於知悉一切事物個別性的盡所有智（ji snyed ye shes）完整清晰地呈現，我們存在之三身（sku gsum）或三層面的俱生本性，便超顯出來。

V. 修法利益

（43）當我們以這種方式日夜連續不斷地修持，我們生命的整個層面全都契入覺觀（ting 'dzin 'khor yug chen po，「丁津闊幽千波」）。個人的能力逐漸開展，致使他對此修法變得熟習，隨之我們的情緒煩惱將可轉為道用。更有甚者，我們藉由三身——個人存在之三層面，將會發展出一定程度的能力來饒益他人。

（44）我們對此修持嫻熟的程度（'byongs tshad），可藉我們控制夢境——即睡眠時夢中知夢（rmi lam gnyid du ngo shes）——的程度來衡量。透過修行，我們日復一日地克服執著，因此苦樂的感受便不再影響個人。然後我們發現自己處於一種融攝狀態（平等性中），這種狀態絕不會遭戲論分別所覆障（ma gos mnyam nyid ngang）。由於本智的現前，一切現相皆作為友伴而生起（kun snang grogs su shar，諸顯成助伴），這些友伴可在修道上給予幫助。事實上，於行道中所遭遇的種種，現在都可以用來助益我等修行之增長。因此，我們得以中斷幻相的相續（'khrul pa'i rgyun chad），然後發現自己處於實相法性之境界。

（45）成就的大圓滿行者發現自己處於實相法性狀態（chos nyid ngang），並且日夜不動搖地保任此境界。「不動」（ma g.yos）意指穩固於此當下覺知狀態。如此，甚至於兩次呼吸之間的剎那，亦可證得佛果（'tshang rgya），此乃偉大的噶拉多傑親口所說。

（46）當情緒煩惱生起時，如何能轉為道用？如果不將諸法分類（chos kun dbyer med，諸法無別）為好或壞，我們便發現它們現前於實相法性狀態（chos nyid ngang gnas）。這就是一般所

指「一味」（rog cig）的意思。因為諸法全都現前於完全覺知（大覺）之中，無有任何關於它們的戲論（kun rig dmigs med，大覺無緣），我們即認識到愚痴（gti mug）之煩惱本身無異於無念（mi rtog par ngo shes pa）。換句話說，正當我們處於淨覺（rig pa）狀態時，當愚痴的煩惱生起時，我們發現自己處於無念狀態（mi rtog pa），所有現象便顯現為真如法性（chos nyid de bzhin nyid du snang ba）。空性和任運自成二者皆同時俱在於此本智中。

（47）所有現象都是六聚的對境（tshogs drug yul du snang ba'i chos rnams），它們於燦然明性（gsal ba）中現前，無有任何自性（rang bzhin med）。儘管無有自性，它們仍然作為存在實相而呈現。在存在實相生起的當刻，我們認識到瞋怒（zhe sdang）之煩惱具有明了（光明）的特質（gsal ba'i rang bzhin ngo shes），此種煩惱即顯現為明了智（光明本智）（gsal ba ye shes nyid du snang ba）。

（48）顯現於外在的一切（phyir snang），即我們所有的外在境相，皆無異於實相法性（chos nyid）之狀態；而於內在來說，本覺狀態（nang rig，內明）本身就是本智（ye shes）。然而，我們不應認為此二者（法性和本覺）在究竟上是不同且分離的，如果是這種情況，便不可能相融合。但是我們並沒有停留在這種區分外在與內在的層次，對內外無別之了悟，使得不二大樂（gnyis med bde chen）之「瑪哈蘇卡」（Mahāsukha）得以體現。且因其具有能量或慈悲的特性（thugs rje'i bdag nyid），所以我們認識到貪欲（'dod chags）之煩惱實際上是大樂的潛能（bde chen rtsal du ngo shes）。如此一來，一種大樂覺受之本智（妙觀察智）起

現，其任運自成、廣大無邊（lhun 'byams bde chen ye shes snang ba）。這就是煩惱如何能轉為道用。

（49）饒益所有其他眾生（'gro kun）的能力，是藉由發展吾人存在之三層面而證得的。個人就其身、語（或能量）和意之功能而言，具有三個存在層次。當我們完全自證時，此等證悟即能以各種方式開顯出來，這就代表「三身」（Trikāya）或我們存在之三層面（sku gsum）的顯現。化身一詞表示吾人的物質層面或身體，報身一詞表示個人能量的微細層面，而法身一詞則表示「存在層面」（Dimension of Existence）及其俱生之本初智慧（sku dang ye shes）。於此，三毒煩惱（nyon mongs dug gsum）不再稱為毒，反而因個人已達證悟，同樣這些毒完全顯現為其存在層面及俱生本智（sku dang yeshes su yongs su snang ba，身與本智中完全顯現）。正因如此，無論從當中生起什麼，亦同樣現前於個人整個「存在層面」中，成為其無量之俱生本智（sku dang ye shes nyid du gnas，安住於身與本智性中）。

（50）由於此等煩惱不復存在，且由於煩惱的因已完全消除，吾人便已超越輪迴之流轉。吾人所達到的那種情況就被稱為涅槃（Nirvāṇa, myang 'das），字面上是「已超越痛苦」的意思。但是，即使它被賦予涅槃之名，彷彿吾人已到達某處或獲得了什麼，事實上沒有什麼可以到達的，也沒有得到任何東西，毋寧只是個人狀態之本俱功德現已任運自顯為自圓滿，無有任何意念改造或修整（ma bcos lhun grub ji snyed yon tan tshogs，無改圓成所有功德聚）。沒有什麼需要被改變、更正或修飾的，所有一切都如其所是地圓滿處於個人本初狀態之任運顯現中。簡單地說，從無始以

來本俱的東西,如今已經彰顯出來了,如同雲消散後太陽當空〔普照〕般,這就是我們所說的「光明」(gsal ba)。

VI. 行者德能

(51)在大圓滿阿底瑜伽這樣的無上乘中,據說此修法適合具備五種德能之行者。這五種德能是:一、參與意樂或敬信(dad pa);二、精進實修(brtson 'grus);三、正知正念(dran pa);四、專注禪定(ting nge 'dzin);五、聰明才智或智慧(shes rab)。我們需要俱足這五種能力,當有所欠缺或需要時,為了培養如此之能力,我們應聰明行事,努力去具備此等能力之順緣(mthun rkyen)。如此一來,我們便不至失去實修大圓滿這樣至高無上的機會。

VII. 總結

(52)當我們根據大乘經教體系行事時,必須具備利他之發心。此外,對於空性和一切事物如幻本質之瞭解必不可或缺。然後,在結行時,必須將利益其他眾生之行為所累積之任何功德加以迴向。在這裡,藉此噶拉多傑上師教法精華甘露之少分,願所有與之結緣者,皆將自證普賢王如來(kun bzang dgongs pa)即個人本初狀態之境地。

100 日與夜的循環

附錄一
「日與夜的循環」偈頌品

༄༅། །བོད་སྐད་དུ།
།གདོད་མའི་རྣལ་འབྱོར་གྱི་ལམ་ཁྱེར་ཉིན་མཚན་འཁོར་ལོ་མ་ཞེས་བྱ་བ།

藏語云：本初瑜伽之道日夜循環

།བླ་མ་དམ་པ་རྣམས་ལ་ཕྱག་འཚལ་ལོ།
頂禮諸上師正士夫

1　།རིགས་ཀུན་ཁྱབ་བདག་འཇང་ཆུབ་རྡོ་རྗེ་དང་། ། ཨོ་རྒྱན་བསྟན་འཛིན་རྡོ་རྗེ་དཔལ་སྟོན་སོགས།
　　諸佛遍主蔣秋多傑與　　　　　　鄔金丹增多傑帕準等

　　།རྫོགས་ཆེན་བརྒྱུད་པའི་བླ་མ་ཐམས་ཅད་ལ། ། སྒོ་གསུམ་གུས་པ་ཆེན་པོས་ཕྱག་འཚལ་བགྱི།
　　一切大圓滿傳承上師　　　　　　三門極為恭敬虔頂禮

2　།ཀུན་བཟང་དཔལ་ལྡན་རྡོ་རྗེ་སེམས་དཔའ་ཡིས། ། ཨ་ཏི་ཡོ་གའི་སྙིང་པོ་ལམ་ཁྱེར་ཆོས།
　　普賢吉祥金剛薩埵尊　　　　　　阿底瑜伽精要道方法

　　།དགའ་རབ་རྡོ་རྗེ་གདམས་པའི་བཅུད། ། བྱང་ཆུབ་མཁའ་འགྲོའི་གནད་བར་མཛོད།
　　噶拉多傑正士教精華　　　　　　宣說少分空行開許藏

3　།དུས་བཞི་བློ་སྦྱོང་རྣམས་བཞིན་རྒྱུད་སྦྱངས་ཞིང་། ། རང་རིག་བླ་མར་ཤེས་པའི་རྣལ་འབྱོར་དང་།
　　恆時四轉心調自相續　　　　　　了知自明上師之瑜伽

　　།ཉམས་ཡང་མི་འཕྲད་བཞིན་ཡེངས་མེད་ད། ། དྲན་ཤེས་སྐྱོང་བ་རྣལ་འབྱོར་རྩ་བ་ཡིན།
　　四時恆常無離無散逸　　　　　　護正知念瑜伽之根本

4.
|ཉིན་གྱི་འཁོར་ལོར་ཞེན་ཞག་ཕྱུགས་གཅིག་གི| |ལམ་བྱེད་གཙོ་བོར་ཞེན་དང་མཚན་དུ་དེང|
日夜輪轉相續一晝夜　　確定日與夜修主要道

|དུས་གསུམ་དབང་བྱེད་ཉིན་མོའི་རྣལ་འབྱོར་ནི| |བརྟན་དང་བཙན་དང་བོགས་དབྱུང་གསུམ་དུ་འདུ|
三時統御晝間之瑜伽　　了知穩固增上三要點

5.
|ཐོག་མར་མ་རྟོགས་རྟོགས་པར་བྱ་བ་ནི| |ཇི་སྙེད་སྣང་ཞིང་གསལ་བའི་ཆོས་རྣམས་ཀུན|
首先了知尚未了知者　　見聞所有顯相等諸法

|སྒྱུ་ཆོས་སྣང་ཡང་བདེན་མེད་གསལ་བཏན་བཞིན| |སེམས་ཀྱི་འཕྲུལ་ཞེན་དུ་ལོ་ཐག་ཆོད|
雖現種種無實如幻影　　心之神變無疑得決斷

6.
|སེམས་ཉིད་ཡེ་ནས་སྟོང་ཞིང་བདག་མེད་ལ| |བདེན་བཞིན་གསལ་ཆ་འགགས་མེད་ཆུ་ཟླ་ལྟར|
心性本來即空且無我　　無實明分無礙如水月

|གསལ་སྟོང་གཉིས་མེད་རིག་པའི་ཡེ་ཤེས་མཆོག| |རང་བཞིན་ལྷུན་གྲུབ་ཉིད་དུ་རྟོགས་པར་བྱ|
明空不二殊勝本覺智　　自性任運圓成而了知

7.
|སྣང་བ་ཆོས་ཉིད་རྒྱན་དུ་ངོ་ཤེས་པས| |ཚོགས་དྲུག་ལྷུག་པའི་སྣང་བ་རང་སར་གྲོལ|
由認識現相法性莊嚴　　六聚鬆坦外境自地解

|རིག་པ་ཡེ་ཤེས་ཉིད་དུ་ངོ་ཤེས་པས| |ཉོན་མོངས་བག་ཆགས་སྣང་བ་རང་སར་གྲོལ|
由認識本覺即是本智　　煩惱習氣顯現自地解

8.
|སྣང་རིག་དབྱེར་མེད་ཉིད་དུ་ངོ་ཤེས་པས| |གཉིས་སུ་འཛིན་པའི་རྟོག་པ་རང་སར་གྲོལ|
由認識境覺無別性中　　二取執著妄念自地解

|དེ་ཡང་གཅིག་གྲོལ་ཤར་གྲོལ་རང་གྲོལ་ཚུལ| |རྡུལ་འབྱོར་བློ་དང་བསྟུན་ཏེ་ལམ་དུ་བྱེད|
彼即觀解生解自解法　　按自根機實修入行道

9　|ཐོལ་བྱུང་སྐད་ཅིག་དང་པོའི་ཤེས་པ་ནི།　|མ་བཅོས་སྐྱེ་མེད་ཤར་བའི་རིག་པ་སྟེ།
　　倏爾第一剎那了知者　　　　　無改無生乃現前覺性

　　|གཟུང་འཛིན་མཐའ་ལས་འདས་པའི་དེ་བཞིན་ཉིད།　|ཤུགས་ལ་རང་བྱུང་རིག་པའི་ཡེ་ཤེས་ཡིན།
　　二取無邊際之真如性　　　　　實為自然自生本覺智

10　|དེ་ལ་ཀུན་བཟང་དགོངས་པའི་ཆོས་གསུམ་རྫོགས།　|བག་ཆགས་བྲལ་ཕྱིར་ཆོས་སྐུ་ངོ་བོ་སྟོང་།
　　由此普賢密意三法圓　　　　　離習氣故法身本體空

　　|དམིགས་བསམ་བྲལ་ཕྱིར་ལོངས་སྐུ་རང་བཞིན་གསལ།　|ཞེན་ཆགས་བྲལ་བས་སྤྲུལ་སྐུ་འགག་པ་མེད།
　　離所思故報身自性明　　　　　離貪執故化身無斷滅

11　|དེ་ལྟའི་ཤེས་པ་སྐྱེས་ཚེ་དེ་ཉིད་དུ།　|གཟུང་དང་འཛིན་པའི་གཉིས་རྫོགས་ཡོངས་སུ་བྲལ།
　　如此覺性方生之彼時　　　　　能所執著二取全離且

　　|འཛིན་མེད་སྣང་བ་ཕྱི་རུ་གསལ་འཆར་དེ།　|སྤྲུང་བ་ཆོས་ཉིད་དང་དུ་གནས་པའོ།
　　無執顯相乃外在明分　　　　　內在法性境中安住也

12　|སྐད་ཅིག་མ་ཡི་ཤེས་པ་དངོས་མ་ནི།　|ཆོས་ཉིད་མ་དང་འཕྲད་པས་ཆོས་ཀྱི་སྐུ།
　　本始剎那覺性真實者　　　　　法性母且晤面為法身

　　|རིག་པ་སྟུན་གྲུབ་དང་ལ་གནས་པ་སྟེ།　|རྫོགས་པ་ཆེན་པོའི་དགོངས་པ་དངོས་མ་ཡིན།
　　住於本覺圓成狀態處　　　　　乃大圓滿真實之密意

13　|བརྟན་པར་བྱེད་དང་ཞུགས་པ་བོགས་འདོན་གྱི།　|མན་ངག་གསུམ་གྱིས་ལམ་དུ་འཁྱེར་བ་སྟེ།
　　穩固：融攝放鬆修增上　　　　道中以三口訣修持之

　　|བཞེ་ཐབས་བདེ་བའི་སྟབས་ལ་བག་ཡངས་སུ།　|ཁོང་སྟོང་མཉམ་གྱིས་མཁའ་རུ་ཨར་ལ་གཏད།
　　融攝：舒適自然安坐中　　　　坦然凝視己前之虛空

14 ｜ཡེངས་མེད་གློད་མེད་ལྷུག་པར་བཞག་པ་ན།｜ ｜ཤེས་པ་ནང་གཤར་ལྟར་འཛིན་ཆགས་བྲལ་བའི་དང་།｜
任持鬆坦無散亦無修　　　　　　覺知住於如空離執取

｜གསལ་ཆ་རིག་ཆ་ཧད་དེར་གནས་དང་འགྱུ།｜ ｜ཁ་དང་གཞིས་མེད་རིག་པ་རྗེན་གཅེར་སར།｜
明分覺分愕然住與動　　　　　　各個無別本覺赤裸現

15 ｜མཉམ་བཞག་བྱིང་རྨུགས་གདང་དུ་མི་འགྱོ་བར།｜ ｜གསལ་ལེ་ཧྲིག་གེ་གྱིང་དེར་གནས་པའི་དང་།｜
座上沉掉對治無耽取　　　　　　任持甚深明清禪定處

｜དེ་ལ་དགག་སྒྲུབ་བསྣུན་སློབ་ཅི་བྱས་ཀྱང་།｜ ｜གཡོ་མེད་རང་སར་གནས་ཤིང་རང་གྲོལ་ལ།｜
由此念頭迎拒增盛且　　　　　　無散安住自地自解脫

16 ｜རྗེས་ཐོབ་ཏིང་འཛིན་དེ་ལས་ལྡང་པ་ཡང་།｜ ｜ཤེས་པ་ཅེན་དྭངས་མི་འཆོར་བཟུང་བའི་ཆས།｜
從彼禪定後得中而出　　　　　　穩固覺知不散助緣下

｜སློབ་ཐབས་འོད་དམ་ཉི་ཟླ་འཆར་འདྲ་དང་།｜ ｜སྣང་བ་དབུགས་སོགས་དམིགས་མེད་པ་འགྱུར།｜
座上驗相如光日月升　　　　　　境相氣息等皆無所緣

17 ｜རྗེས་ཐོབ་ཀུན་སྣང་སྒྱུ་མར་མཐོང་བ་དང་།｜ ｜ཡང་ན་གང་སྣང་སྟོང་པར་འདུག་སྙམ་དང་།｜
座下驗相所見皆幻化　　　　　　或者所感任顯皆空性

｜རིག་པ་མི་རྟོག་པ་རུ་འཆར་བཞག｜ ｜བྱེད་པར་གོལ་བ་མེད་པར་འདུག་སྙམ་འབྱུང་།｜
或者任持本覺無念起　　　　　　或者自認所行無錯謬

18 ｜ལུས་ཞི་ཡུལ་དཔྱོད་སེམས་རྟོག་སྟོང་མཐོང་ཕྱིར།｜ ｜སེམས་ཉིད་ཆོས་ཀྱི་སྐུ་མཆོག་ཐོབ་པ་དང་།｜
於身境行心念空見故　　　　　　獲得心性殊勝之法身

｜ཡེ་ཤེས་མཚན་རྟོག་གང་གིས་མ་བསླད་པས།｜ ｜དྲིས་པར་མི་རྟོག་ཡེ་ཤེས་ཐོབ་པར་འགྱུར།｜
本智不受妄念所染故　　　　　　獲得清淨無妄之本智

19 習氣障礙完全清淨故　　煩惱隱沒不生即隨眠

故縱凡夫亦超離輪迴　　稱其超凡聖者之種姓

20 鬆坦口訣外境無改造　　如其所是現前莊嚴狀

內覺無整清朗赤裸裸　　真如性中自地鬆坦放

21 六根對境無伺明澈澈　　只此莊嚴無礙中起現

無執本覺妙力全圓滿　　無二性中保任即鬆坦

22 座上五根對境無伺察　　明清不動無執鬆坦現

座下色相無實顯相等　　於六聚境能依本智生

23 煩惱五毒諸妄凡現起　　如是自地無執鬆坦且

非以對治出離法轉化　　煩惱為道自解本智生

24 道驗明且空性中顯現　　安住境相空性狀態中

念起性空樂受性空等　　種種樂明無念經驗生

25 於身了知諸法乃法身　　契入真如無改覺性境

無二等圓明點融合故　　獲智慧身光明本智生

26 外境法性顯相惱障淨　　覺性本智生故惡法離

煩惱習氣障礙皆解脫　　稱其聖者菩薩之種姓

27 增上：無造圓成狀態中　　剎那覺性無改坦然住

無念明覺清朗淨寂然　　心續如是無散穩固中

28 覺觀座上不墮沉掉過　　心識法性空性中顯現

座下心續緣力不變中　　心性真如性中作保任

29 |སློམ་ཉམས་བསྒོམ་དང་མི་བསྒོམ་གཉིས་མེད་དང་།
　道驗：修與無修無別中

|ཆོས་རྣམས་ཀུན་གྱི་ཆོས་ཉིད་དེ་བཞིན་པ།
　諸法如是一切法性者

|ཀུན་སྣང་ཏིང་འཛིན་རྩོལ་པར་ཡོངས་པར་ཞིན།
　諸顯覺觀妙力全現且

|ཡེ་བབས་གནས་ལུགས་དང་ལས་གཡོ་མེད་འགྱུར།
　本來實相中出不動搖

30 |སྐུ་ཡི་སྣང་དང་མི་སྣང་ཆོས་རྣམས་ཀུན།
　於身顯與不顯等諸法

|ཆོས་ཉིད་དང་དུ་རང་བར་ཡོངས་དག་པ།
　自地法性狀中全皆淨

|གཉིས་སུ་མེད་པའི་སྐུ་མཆོག་ཐོབ་པ་དང་།
　獲得無二無別殊勝身

|གོམ་མེད་པའི་ཡེ་ཤེས་དག་པ་སྐྱེ།
　無有習染無上本智生

31 |ཤེས་བྱའི་སྒྲིབ་པ་རྣམ་པར་དག་པའི་ཕྱིར།
　種種所知蓋障清淨故

|ཆོས་ཀུན་ཆོས་ཉིད་དེ་བཞིན་མཁྱེན་པ་དང་།
　諸法通達如是法性且

|རྟོགས་བྱ་རྟོགས་བྱེད་གཉིས་མེད་ཡོངས་གྲོལ་བས།
　能知所知無二全解故

|རྣམ་མཁྱེན་དེ་བཞིན་གཤེགས་པའི་རིགས་ཞེས།
　稱其遍知如來之種姓

32 |མཚན་མོའི་རྣལ་འབྱོར་ལམ་དུ་བྱེད་པ་ནི།
　修持夜間瑜伽為行道

|སྲོད་དང་ཐོ་རངས་རྣལ་འབྱོར་གཉིས་ལ་བསླབ།
　初夜黎明瑜伽二學處

|སྲོད་ལ་དབང་པོ་མཉམ་པར་བཞག་པ་སྟེ།
　初夜諸根平等中安住

|དེ་ཡང་བསམ་གཏན་གཉིད་དང་བསྲེ་བར་བྱ།
　由此禪定睡眠須和合

33 |གཉིད་དུ་ལོག་ཁར་རང་གི་སྨིན་མཚམས་སུ།
　臨睡之際觀想己眉間

|ཨ་ཡིག་དཀར་པོ་འོད་ལྔའི་ཐིག་ལེ་ནི།
　白色阿字五光之明點

|སྲན་མའི་གོང་བུ་ཙམ་དུ་གསལ་བ་ལ།
　猶如豆許丸團清晰現

|ཤེས་པ་བཏང་ཅིང་སྒྲིང་དེ་གཉིད་དུ་ལོག
　心專注且放鬆中入睡

34 全然無染分別煩惱惑　　　　六聚自地放鬆性狀中

睡時自性光明境中處　　　　無念法性狀中而安住

35 抑或剎那覺性細觀察　　　　住與動念己皆無可辨

於此任持了了分明中　　　　吾等安住深明寂靜眠

36 彼睡法性光明之所緣　　　　本覺法界狀中全消融

直至睡中覺觀自相續　　　　獨處法性狀中而安住

37 身之習氣顯相之習氣　　　　意之習氣全然得脫離

意無生且法性中安住　　　　即成自性光明相融合

38 睡時任何念頭不生且　　　　本覺融母法性狀中住

後得睡夢性中自知且　　　　離諸幻故身智助伴現

39 |ཧོ་རངས་ཡེ་ཤེས་རང་སོ་མ་བཅོས་པ། ｜སྒོམ་མེད་ཡེངས་མེད་རྩོལ་མར་བཞག་པ་ན།
　　黎明本智本來無改者　　　　　　任持無散無修真實中

　　|རང་བཞིན་མི་རྟོག་ལྷུན་ཉེར་གནས་པ་དེ། ｜སྟོན་པ་ཀུན་ཏུ་བཟང་པོའི་དགོངས་པར་ཤེས།
　　自然無念坦然安住彼　　　　　　即稱導師普賢佛密意

40 |དེ་ཀའི་རང་ངོར་བལྟས་ཏེ་སྒོམ་མཁན་ལ། ｜གཅེར་གྱིས་བལྟས་པས་འཛིན་བྲལ་བྱུང་བ་ཡི།
　　觀察自性本面與修者　　　　　　裸然直視離於辨識之

　　|རང་བྱུང་ཡེ་ཤེས་གསལ་ལེ་རྗེན་ནེ་བ། ｜འཆར་གྲོལ་གཉིས་མེད་ཡེ་ཤེས་སྐྱེ་བར་འགྱུར།
　　自生本智清明赤裸裸　　　　　　生與解脫無二本智現

41 |དེ་ཚེ་གཉིས་འཛིན་ཀུན་རྟོག་ལས་འདས་པའི། ｜སྣང་བ་ཡུལ་བྲལ་མི་རྟོག་ཡེ་ཤེས་གསལ།
　　此時二執諸妄皆泯滅　　　　　　對境離相無念本智現

　　|ཤེས་པ་མ་བསླད་གསལ་བའི་ཡེ་ཤེས་གསལ། ｜གཟུང་བཟུང་མེད་པས་བདེ་བའི་ཡེ་ཤེས་གསལ།
　　妄識無染光明本智現　　　　　　能所無別大樂本智現

42 |ཆོས་ཀུན་ཆོས་ཉིད་རང་དུ་རྟོགས་འགྱུར་བས། ｜གོལ་བ་མེད་པའི་ཡེ་ཤེས་མཆོག་ཏུ་གསལ།
　　於自了達諸法即法性　　　　　　無錯謬之本智殊勝現

　　|ཇི་སྙེད་ཡེ་ཤེས་ཡོངས་སུ་གསལ་བ་ཡིས། ｜སྐུ་གསུམ་རང་བཞིན་མཆོག་ཏུ་གསལ་བར་འགྱུར།
　　盡所有智全皆現前故　　　　　　三身俱生自性殊勝現

43 |དེ་ལྟའི་རྣལ་འབྱོར་སྙིང་པོ་ཉིན་མཚན་དུ། ｜ཁྱད་འཛིན་ཁོར་ཡུག་ཆེན་པོར་བཟུངས་པ་ན།
　　如此瑜伽心要日夜中　　　　　　廣大周圓融於大覺觀

　　|འབྱུངས་དང་ཉོན་མོངས་ལམ་སློང་སྐུ་གསུམ་གྱིས། ｜མཁའ་མཉམ་འགྲོ་དོན་བྱེད་པའི་ཆེད་དུ་འགྱུར།
　　諳此煩惱道用起三身　　　　　　定堪成辦等空有情利

44 嫻熟程度夢中識夢知　　　苦樂貪著無遮等性中

　　本智生故諸顯成助伴　　　斷妄心續法性自然住

45 彼等阿底瑜伽道驗者　　　晝夜法性現行不動故

　　二呼吸中剎那而成佛　　　大聖極喜金剛親說語

46 煩惱道用諸法無差別　　　法性中住大覺無緣故

　　自知愚痴等同無念性　　　法性真如性中顯現矣

47 六聚境中顯相諸法皆　　　光耀明現無有自性故

　　自知瞋恚等同明了性　　　明了本智性中顯現矣

48 外現法性內明本智及　　　無二大樂悲能自性故

　　自知貪欲等同大樂性　　　圓廣大樂本智顯現矣

49 |ཀུ་གསུམ་སྒོ་ནས་འགྲོ་དོན་འབྱུང་བ་ཡང་།
藉三身門成辦利生事

|ཡོངས་སུ་སྣང་ཕྱིར་དེ་ལས་བྱུང་བ་ཀུན།
全顯現故由此諸所生

|ཉོན་མོངས་དུག་གསུམ་སྐུ་དང་ཡེ་ཤེས་སུ།
煩惱三毒身與本智中

|སྐུ་དང་ཡེ་ཤེས་ཉིད་དུ་གནས་པ་ཡིན།
皆如身與本智安住之

50 |ཉོན་མོངས་མེད་པས་འཁོར་བའི་རྒྱུ་བྲལ་བ།
無有煩惱遠離輪迴因

|མ་བཅོས་ལྷུན་གྲུབ་ཇི་སྙེད་ཡོན་ཏན་ཚོགས།
無改圓成所有功德聚

|དེ་ལ་ཡང་འདས་ཞེས་སུ་བསྟན་མོད་ཀྱང་།
雖於彼稱涅槃名所言

|ཉིན་བྱེད་མཁའ་ལ་འཆར་བཞིན་གསལ་བ་ཚོགས།
如日中天普照光明般

51 |ཆོས་འདི་དད་དང་བརྩོན་ནུས་ཏིང་འཛིན་དང་།
此法信勤正念等持與

|ཤེས་རབ་དབང་ལྔ་གཙལ་བྱའི་སྤྱོད་ཡུལ་དུ།
智慧自在化機所行中

|ཐེག་པ་མཆོག་ལས་ཇི་ལྟར་གདམས་པ་བཞིན།
依無上乘如何傳授之

|མཐུན་རྐྱེན་རྫོགས་པར་བསྒྲུབ་ལ་མཁས་པར་བྱོས།
順緣圓滿成辦得通達

52 |དེ་སྐད་ཀུན་བཟང་དགའ་རབ་རྡོ་རྗེ་ཡིས།
以此普賢極喜金剛之

|དགོངས་བཅུད་ཉུང་དུ་ཆོག་དྲིལ་བའི་དགེས།
少分要言甘露之善根

|བདག་ཅག་མཁའ་མཉམ་འགྲོ་བྱེད་ཆོས་མ་ལུས་པ།
願我等空具緣有情眾

|ཀུན་བཟང་རྒྱལ་བའི་གོ་འཕང་མྱུར་ཐོབ་ཤོག།
速獲普賢如來佛果位

འདི་ནི་ཐེག་པ་མཆོག་གི་རྣལ་འབྱོར་ལ་མོས་པ་མཆོག་ལྡན་སྐུ་ཞབས་པཱུལ་ཨེནྜར་སོན་སྐུ་ཞི་བར་གཤེགས་པའི་དྲན་གསོས་སུ་ཆེད་དུ་དམིགས་ཏེ། ཨ་རིའི་ཤར་ཕྱོགས་ཀྱི་སྡོངས་སུ་ཡོད་པའི་ཨོན་ཌི་རྫོགས་ཆེན་འདུས་སྡེ་རེ་མཚམས་དང་ཚོགས་པའི་ཚ་ཆེན་དུ་དམིགས་ཏེ། རྫོགས་ཆེན་པ་ནམ་མཁའི་ནོར་བུས་རྒྱ་མོ་ཕག་གི་ཟླ་བརྒྱད་བཅུད་པའི་ཚེས་སུམ་ཅུ་གཤིན་ཞི་མའི་ཉིན་རྫོགས་པར་སྦྱར་བ་དགེ། །

本文乃為紀念無上乘瑜伽信崇者保羅・安德森先生之辭世而作，適逢美國東部康威大圓滿同修會以此開啟禪修營之序幕，由大圓滿行者卻嘉・南開諾布撰著圓滿於藏曆陰水豬年八月三十（1983 年 10 月 6 日）吉日。善哉！

附錄二
日與夜的修持
——一九九四年康威禪修營開示

　　某些人已經有了 *The Cycle of Day and Night*（《日與夜的循環》）這本書，所以今天上午我想解釋的主要是夜修法、作夢等這些主題。這本書是我為了紀念保羅·安德森先生，而在康威這裡寫的。你們當中很多人不知道誰是安德森先生，安德森先生就是第一次邀請我來康威這裡的人，就像是態度行為的因、康威大圓滿同修會的因，一切皆緣起於安德森先生。我第一次來到這裡就是因為他邀請我，也因此今天我才會在這、且依然在這，我們一起辦禪修營、一起做許多事情。

　　安德森先生過世了，為了紀念他，當時在康威我寫下這本書。那段期間我們辦了禪修營，我也解釋了此書是何義理。我寫的這本書之理趣主要與大圓滿界部教法有關，屬於界部的知識，也就是與瞭解我們能量這方面的知識非常相關，而能量與境相有關，也就是融攝能量與境相等，有很多這方面的道理。是故劃分為兩個階段，一個是日間，另一個則是夜晚。夜晚佔據我們生活的一半，所以非常重要，基於此故才如此劃分。

　　現在我給你們口傳，同時提出此修法的一些重點。（藏文：標題；偈頌 1~3）首先，此修持總是與「四思維」（Four Mindfulness）有關，即表示在我們所遵循的教法中，一開始我們先聽聞「轉心四思維」的教法，然後我們領受所有前行的修法，就是這些。（藏文：偈頌 3 第二、三句）說的是我們也準備並從

事所有前行修法。（藏文：偈頌 4~5）一開始，沒有知識或了知的人，是有方法可以去獲得知識的，所以這就與噶拉多傑《三句擊要》的第一要「直指」（direct introduction）有關，因此先要契入知識的了知。

（藏文：偈頌 6）對於我們真實本性的知識，就是了知「本來清淨」（kadag）與「本自圓滿」（lhundrub）的情況。（藏文：偈頌 7~8）大圓滿的修法亦即契入大圓滿的知識，這有不同的方式，因而說到了「切卓」（cherdrol）、「遐卓」（shardrol）和「容卓」（rangdrol）等三種契入自解脫的狀態。第一個「切卓」（觀解）意指稍加費力地觀察，然後才契入自解脫狀態，但這是針對尚沒有能力一開始就契入完全自解脫的初學者；「遐卓」（生解）意指，當你對此變得比較熟悉後，你不需要太費力，當一起心動念馬上就自解脫；然後「容卓」（自解）指完全超越任何勤作，即刻能契入自解脫狀態，如同成為鏡子一般，這就是真正的意思。

（藏文：偈頌 9）這就像是一種指授（introduction，引介），使我們可以發現自己的真正潛能。*thol byung* 指的不是像觀想那樣去造作什麼，而是我們突然間或剎那生起某個念頭──任何念頭；*ska dcig dang po'i shes pa* 指當念頭一生起的剎那，我們注意到這個念頭隨即就進入判斷，但是在進入判斷之前，那就是剎那覺性（instant presence）。*ma bcos skye med shar ba'i rig pa* 意指那個無修整、平常的本性，也就是本覺之狀態。*gzung 'dzin mtha' las 'das pa'i de bzhin nyid*，那是超越主客能所和二元分別之情況；*gnyug ma rang byung rig pa'i ye shes yin* 即如是之本初智慧。

（藏文：偈頌 10~12）第 12 條同樣也是非常重要的道理。

skad cig ma yi shes pa rnal ma ni 指剎那的知識，當它一生起時，即便我們起心動念，但念頭一開始也具有剎那覺性，那個無修整、無改造的就是我們所說的法性；「法性母」（Mother Dharmata）即我們真實之本性，所以那就是法身。*rig pa lhun grub ngang la gans pa ste*，即使我們持續有種種的顯現，也都與此道理有關，所以這就是自圓滿狀態。*rdzogs pa chen po'i dgongs pa rnal ma yin* 就是大圓滿的知識。

（藏文：偈頌13）此處解釋了我們如何運用一些方法來持續處於該狀態。（藏文：偈頌14~18）一般來說，特別是在大圓滿界部，還有在阿努瑜伽系統當中，我們常講到 *sku dang ye shes*，*sku* 指層面，層面就代表法身，在大圓滿教法中所指的意義就是「本來清淨」的狀態、處於該知識中；而 *ye shes* 指智慧的顯現，這與「本自圓滿」有關，即自解脫的知識。「本淨」之知識有很多方面，透過「本淨」之知識如何顯現「自圓滿」（任運）之智慧，對這些方面有比較詳細的解釋。

（藏文：偈頌19~31）首先是契入知識（即了知、認識），接著是如何持續於該狀態，這裡我們稱「嚕帕」（*lhugpa*），這詞常用於大圓滿界部。「嚕帕」指〔帶著覺知〕放鬆，而大圓滿口訣部同樣的原理則稱「且卻」（*Tregchod*, khregs chod），指的是完全放鬆。在大圓滿界部並不使用「且卻」這個名稱，而是稱「嚕帕」，但你們必須瞭解這兩者道理相同。同樣地，在大圓滿心部，許多地方我們都使用「嚕帕」這個詞，卻從來不用「且卻」，但是兩者其實是同樣意思。以上約略解釋了我們如何於日間將此修持融入生活當中。

然後，在晚間，（藏文：偈頌 32~33）這裡使用的方法是在前額觀想白色明點或者五色明點，與我們修噶拉多傑上師瑜伽時使用的方式一樣，原因是為了要獲得更多的明性。但這也會造成一些問題，若你在前額做觀想，就會很難入睡；若你一般沒有任何睡眠上的問題，最好的方式當然是在這個位置做觀想，特別是對於能馬上睡著的人，他們不太有覺察力，所以有必要在這位置觀想，會比觀想在心間更好。但你若有睡眠問題，最好還是在心間觀想白色阿字——白阿或白色明點皆可。或者即使你觀想在心間，若你有些問題造成無法入睡，你就改成觀想五色明點，會比較容易睡著。若你依然出現問題，那麼你可以觀想白色阿字在五色明點內部閃耀，這樣你就比較容易入睡了。這裡解釋了為何要這樣觀想的理由。

（藏文：偈頌 34）當我們成功以這樣的覺察入睡，這就是光明（light, 'od gsal）的修法，或特別是在大圓滿教法中稱為「自性光明」（natural light，自然光）的修法。當你跟隨如「那洛六法」（*Six Yogas of Naropa*）這樣的教法時，六法其中之一就稱為「光明」（'od gsal），指的是光。那洛六法並非是那洛巴（Naropa）獨特的六個教法，而是一種教法的集成，收集自不同密續當中的方法，放在一起傳承下來，便稱為那洛六法，但不是都來自那洛巴本人。你也可以在大圓滿教法中找到這些教法，還有在不同密續教法中也都有這六法。當我們睡覺時，在夢生起之前——進入夢境時我們的心識就醒了，在這之前有個光明境界，稱為明、增、得、近得的發展，到最後就稱為光明。所以我們訓練在此狀態要有持續的覺察，這才是重點，同樣在密續教法中也是這樣表達的。這就

是六法之一，此處主要是在講解這部分。

至於六法當中其他修持的理趣，你們都可以在這本《日與夜的循環》中找到。在日修法中，都是關於這些原理。例如我們說到幻身（gyulu）就是一種幻化身，那指我們成功修持出某種具體的氣功能，我隨後會解釋這部分。本書中你也可以發現這個，因為都與能量功能即脈輪、氣脈等有關。

（藏文：偈頌35）這是第35條，這句偈頌非常重要。若有睡眠上的問題，想當然爾你就無法修持這些觀想，否則你永遠睡不著。即使你只是稍微有點這方面的問題，你強迫去修這樣的觀想，反而因此無法入睡了。所以，若你有這類的問題時該怎麼做呢？這樣的情況下，修的方法是這樣的：你以 skad cig shes pa 來觀察，skad cig shes pa 指剎那覺性——與你的念頭有關。例如，當你要睡覺時，念頭總是會生起，如果你不跟隨念頭，念頭就消失了。雖然念頭消失，但是一個念頭消失不表示念頭永遠消失，另個念頭馬上又會生起，有一種念頭的珠鍊在持續。所以你知道念頭何時生起又何時消失，說明那裡總是存在著剎那覺性。若你有這樣剎那覺性的經驗，你會注意到，所以你就是在觀察並且放鬆，處於那種狀態，不跟隨念頭也不製造念頭。若你以此方式來修，與你修持夜修法、觀想白阿、白色光球或其他，甚至你不做任何特定的觀想，都沒有什麼不同。

（藏文：偈頌35第二至四句）是在說「涅巴」（nepa, gnas pa，安止）或「舉瓦」（gyuwa, 'gyu ba，運動）。「涅巴」指沒有念頭的平靜狀態，或者你注意到有念頭生起而處於那種安止狀態，這兩者沒有區別。若你處在剎那覺性當中，在「止靜」

和「動念」之間就無所差別，但是你會有一種「辛埃瓦」（senge ba）的體驗。「辛埃瓦」意指一種你能了了分明留意著（you notice something alive）的剎那覺性，這就是「辛埃瓦」。若你處於那種狀態並無造作亦無勤作地放鬆於該狀態，你就成功於修持夜修法了。

（藏文：偈頌36~37）例如，因為習氣我們有許多業力夢，這與不同的緊張壓力有關。當你不受制於習氣（bag chags）即業力軌跡，你就不受這些所影響，或者依然會顯現夢，但夢比較與明性有關；即使沒有夢，也會有覺知的相續。所以，若你出現這種情況，你就是處於法性狀態之中，（藏文：偈頌37）僅只是如此，那就是「光明」（指明分或知分）——著名的六法之一。

（藏文：偈頌38）當你在那種剎那覺性中保持覺知，即使你有許多業力夢，也許夢會顯現出明性，同時夢也不受幻相的牽制，因為你有覺知。這種情況下，夢也會顯現出智慧——智慧層面本淨圓滿的功德，所以一切都有利於發展你的修持和知識。

（藏文：偈頌39~42）這些都是如何以此日修法，讓你潛能的各個方面顯現為智慧——智慧的各種不同面向。（藏文：偈頌43~44）當你正以此修持來訓練，你變得熟習之後，主要會反映在你的夢上面。例如你在夢中變得覺知、不受幻相牽制，在這種情況下，一切就能顯現為智慧。（藏文：偈頌45）這種修行者，在白天有能力將我們的情況融攝於覺觀狀態，而在晚上同樣也有能力融攝於覺觀狀態。如此之行者在死後的中陰階段，在投生中陰之前即可證得報身，這是噶拉多傑所確立的。

（藏文：偈頌46~48）這主要是說明我們的情緒、各種的情

緒如何被淨化，以及如何顯現為智慧。（藏文：偈頌49~50）然後，我們所認知的證悟若顯現出來，同樣也會伴隨其功德的顯現，就像是天空中閃耀的太陽，在每一個遊舞中都具有無盡的光芒，類似於此方式而顯現出智慧的所有功德。

（藏文：偈頌51）此修持同樣也是你如何契入知識、如何實修以及如何融攝的修法，這與個人的根器能力十分相關。這些在經教中所解釋的德能，像是我們的參與意樂、精進、提起正知正念、對於三摩地或覺觀功德的知識、知道何為正確與不正確的方式以便發現真實的修道和傳承，所有這些都被認為是我們個人的能力。諸如此類的能力我們都需要去具備，擁有這些能力的人就有可能進行實修。所以，（藏文：偈頌51第四句）若我們不具備這些能力，缺失了幾項，要知道如何去建立起來，這樣就能實修此法了。

（藏文：偈頌52）這是最後的迴向。（藏文：最後小字說明部分）這就是這本小書的簡介。在西藏系統，簡介一般是放在末尾而非開頭。這是一本很有趣的書，但並不是那麼容易理解。你可能可以瞭解少許，但你無法瞭解得很詳盡。我有時會想：若我有時間，我想要寫關於這本書的某種釋論❺──這些偈頌如同解釋的依據，這樣才會比較清楚。

這本書是由約翰·雷諾斯英譯。其他譯本我們有義大利文版，

---

❺ 義大利象雄出版社已出版：*The Cycle of Day and Night: An Oral Commentary* by Chögyal Namkai Norbu（Shang Shung Edizioni, 2000），屬於內部書籍。

是由藏文翻譯過來的，還有其他編輯版❻，一共有兩種翻自藏文的版本。以上便是關於此書的訊息。

那麼，這本書的內涵是什麼？主要是與阿努瑜伽的大圓滿界部系統有關，界部有許多方法也都與阿努瑜伽的義理有關。例如，當我們修持大圓滿心部的修法，在心部中我們沒有太多運用到氣（prana）能量、拙火能量的方法，這些我們都可以在續部教法中發現，但不會在大圓滿心部中找到。因為大圓滿心部的理趣與噶拉多傑《三句擊要》第一要「直接指授」（直指自性本覺）的義理有關。所以在這樣的情況下，主要是以經驗來從事，透過經驗我們能夠契入知識，並發現關於我們潛能的知識，這就是心部的要點。

而在大圓滿界部，主要則是與噶拉多傑的第二要「不復疑惑」（獲得唯一確斷）有關。對於「不復疑惑」我們要做些什麼？獨特的方式就是以經驗來修，透過經驗我們才不復懷疑。例如你從不知何謂甜，放一小塊糖在嘴裡嚐嚐，你就能發現什麼是甜了，不需要任何解釋，也不再依賴有關甜的解釋，你已經知道了，這就是「直指」，也就是直接經驗。同理，「不復疑惑」亦表示我們唯有透過直接經驗才能不再懷疑。在直接經驗中，我們有諸如空性經驗和明性經驗，但這兩者都比較不具體。比較具體的經驗與我們的身體有關，例如樂受經驗，還有氣能量、拙火能量，所

---

❻ *The Cycle of Day and Night and Its Relation to the Original Teaching "The Upadesha of Vajrasattva"*, tran. Adriano Clemente （Shang Shung Edizioni, 2003），屬於內部書籍。

有這些都與身體有關。

我們在修習界部時提到「四身印」（Four Da）：第一個 Da 是關於空性，第二個 Da 是明性經驗，但第三個 Da 是身體上的覺受經驗。我們運用身印時要持某種「半寶瓶氣」（parlung, bar rlung），然後當我們處於覺觀狀態時，特別是我們將氣稍微上提後，這樣我們就可以有一種延續的感覺。這時我們不僅處於空性經驗中——如我們在寂止修持中所做的，我們也同時處於覺受的經驗中。這是如何以這個「樂」的身印來實修覺觀的一個例子。所以為了契入「樂」之身印較深的知識，就解釋到脈輪和氣脈，與你學習幻輪瑜伽觀想中脈有關，所有這些也都是與此原理有關。像是南佐迦波（Ngöndzog Gyalpo）的教法，包括南佐迦波嘿魯嘎修法之轉化和觀想等都是相同原理。因此有名為「光明」、「幻身」、「奪舍」（Trongjug, grong 'jug，「仲啾」）等的修法，所有這些修法都運用到此原理。

這到底是什麼意思？真實意義上，若你看到 gyulu 這個詞，指的是幻身（illusory body）。一般你會看到有許多人在日常生活中都有這類的經驗，某些人說睡覺時有時經驗到自己從身體出來，他在身體外面看到自己的身體躺在床上，而說他在「外面」。當人們解釋到這樣的經驗，有時聽起來有點像幻想，但不是真的幻想，確實有這種可能，也有它的道理所在。當然這不容易，如果你沒有證得某種像是幻身修法這類的能量修法，你無法光憑期望就能做到從身體分離。真正從身體分離，就表示你死了。若我們在活著時將微細氣和心識從身體分離出來，移動到外面就表示死了，所以這絕無可能。其實我們從未真正達成這樣的分離，但

是我們可以有這樣的經驗。

為何我們可以有此經驗？因為我們都俱足氣能量，氣能量有幾種層次，同樣也有微細的氣能量層次，那總是結合了心識。在這種情況下，例如你在睡覺然後你作夢，當你在作夢時，你是怎麼作夢的？你以為自己在走動、做事、觀看，做這、做那等等，但你沒感覺你在身體裡，那個身體在床上睡覺。這是個例子說明意生身（mental body）的功能，意生身結合感官意識，而使意生身運作、有其功能。所以當處於意生身，是更加結合了你的氣能量，然後你有這類感覺從身體分離的體驗，但不是真正的分離，然而你可以有此經歷。是有此可能，因為微細氣能量與你意生身的心識連結，才有這樣的功能和體驗。

所以，如果你透過修持而真正具有控制氣能量的能力，你便像是個擁有者，那麼你就會擁有這種幻身的能力，幻身也能從身體分離出來，這就是一種證悟。若你沒有這種證悟，你就絕對不會真正地從身體分離，這很重要！因為許多人覺得也很嚴肅地認為自己的神識從身體出來，但這不是事實，純粹只是個覺受、是種體驗，但體驗和實際依然有著天差地別。你可以契入這種證悟，特別是你有這種經驗的話，那也是一種非常好的助緣，讓你能夠發展或從事這類修持。

要如何從事這類修持呢？首先你必須成功控制你的氣能量，要成功控制氣能量你就必須要修寶瓶氣（kumbhaka），這是首要的。而透過寶瓶氣的能量，你可以具備真正掌控氣能量的能力。氣能量一方面與你的呼吸方式有關，一方面與你的聲音潛能有關，一方面則與你的觀想專注有關，這些都關係到你三種存在的

特性:即身、語、意,那麼你三方面一起訓練的話,就能夠擁有這種〔幻身〕證悟的能力。

例如身體上,我們在臍輪訓練氣能量的潛能,有時觀想吽字,有時以藍色或綠色明點代表氣能量,專注於其上,然後持寶瓶氣,先將氣下壓然後上提。當上提時,我們想像自己所有的氣能量消融於這個明點,之後我們安住於此明點幾分鐘,直到覺得累。不要強迫,當覺得累,有時我們換氣,有時我們喊「呸!」,然後融攝於此覺觀狀態。之後再次開始觀想,專注於此明點,如此重複許多遍。當修持變得比較具體時,就真的具備這個明點即氣能量的功能了。

你們要如何理解氣能量的功能呢?現在你可以到外面走動,當你真正獲得氣能量的潛能,你觀想一樣東西,類似於專注,例如你觀想這裡有一個明點,然後在明點上做融攝。當你觀想時,你要知道如何融攝:那邊有個明點,你將氣能量融攝於明點上,便不再停留在二元方式。不是〔所緣物〕融入你,而是你融入所緣物,若你能成功做到,你就能移動該物了。透過這個例子,你就瞭解:你放個東西在那,然後你在這東西上觀想你的氣能量融入並維持長點時間,若能讓它震動或移動,就表示你的氣能量修成功了。

但若你不先於內在以寶瓶氣和觀想修持成功,你永遠不會成就這個,因為這些都是與寶瓶氣、能量和觀想有關,加上有時你以聲音來呼吸等等,你結合所有這些才能具備這樣的能力,這也是著名的「奪舍法」的重點。「奪舍」是什麼意思?它指不必經過死亡你就可以遷轉神識到已死的某人身上,並可以活生生地活

動。要具備這種能力,你真的需要高階氣能量的證悟,否則無此可能,但原理是這樣的。

例如我們有個很明確的方法:首先你真的修成了寶瓶氣的潛能,你放個顱器,於其內寫一個「吽」或「阿」字——用以代表你潛能的種子字。若你用吽這個種子字來修,則觀想在你的臍輪來代表你的潛能,然後你寫個吽字放在顱器內,也可以是海螺或其他容器。你將它放在面前,現在你持寶瓶氣然後融攝,將你的潛能融入這東西,然後你感覺到它發出聲音或在動,就表示起作用了。

你看在密續教法中——大圓滿教法亦然,若你學習大圓滿口訣部講到頗哇法(*Phowa, spo ba*),「頗哇」是證悟的一種徵兆。例子上說到蓮師他修了一早上的頗哇的覺觀,然後西藏的沙地都長出了樹和其他種種,那表示是從別的地方遷轉到那裡去的。似乎這種幻術很奇怪,但若你真的具備這種氣的能力,就可以有「頗哇」的能力。「頗哇」意指遷轉,例如我的杯子在這裡,我不碰這杯子,我只用看的方式就可以移到那裡,這也表示了氣的證悟。所以,施展奇蹟並不容易,但若你知道原理,你真正投入修持寶瓶氣和這樣的觀想法,確實有此可能性。以上就是「奪舍」的意思和原理,以及它是如何發展的。

特別是某人快要死了,神識幾乎出到身體外,在這種情況下,若你知道方法,要做奪舍、遷識等就很容易。同理,對 *gyulu* 這個幻身,若要修成幻身你就必須修寶瓶氣。首先你必須成功控制你氣能量的潛能,才能成功控制氣能量。氣能量有不同層次,特別是我們一般講到五種氣能量,不是只有一種,但其中最重要的

稱為 srog rlung，意指命氣。但命氣也分一般命氣——與控制身體有關，以及微細氣。微細氣在密續教法中始終被認為與神識有關，在大圓滿教法中對此則無特別的解釋，統稱是「查」（Tsal, rtsal）能量的一部分，這樣你就知道了。「查」能量可以顯現，因為你總是具有無盡潛能，當有助緣總是能夠顯現。以上就是你們如何修持的方式，藉此就能稍微瞭解這些原理。

一般最為重要的就是夜修法，每個大圓滿行者都必須要成功修持，因為夜晚佔我們人生的一半。有些人一開始就不是很困難，稍加訓練便能成功，但某些人確實覺得很困難。這種情況下，若你覺得很難，你試著閉黑關，且若你能著重品質地來閉黑關，確實有很大的助益。講到修黑關的方式，最好是你不知道時間。有時候當我們閉黑關時，你會自動注意到而在心裡推測，例如有人給你送餐來，第二次送餐我們會聯想到這是中午，第三次就可能是晚上，下一次就可能是早餐，你會知道的。但若你不太參照這些時間點，反而能盡力地融攝。所以在黑關中，你還是失去時間感比較好。

而且一般來說黑關不是太困難，當你進入黑暗中，你修一會兒法之後就睡著了，你會很喜歡睡覺。這種情況我說過，大圓滿的方式就是不要強迫，你總是根據自己的感覺來修，你必須很尊重你的存在，因為存在與能量、情緒等有關。如果你的能量和情緒沒有放鬆，就不可能顯現你自圓滿的功德，所以一定要放鬆。如果你稍微強迫了，反而讓你的能量、情緒受到影響而以相反的方式顯現。所以給予尊重很重要，若你一進到黑關覺得想睡，你就睡吧！那是你能做的第一件事——若你真的感覺想睡的話。

我們在外面，總是受到鼓動，總是思維、作為，到這、到那，因而累積了許多壓力，所以我們一進入黑關，都是稍微放鬆一點就睡很久。有時你睡醒了，還是很睏，那你就睡吧！但你只用修法的方式入睡這點很重要，絕對不要強迫。特別是在經教中，他們總是有強迫的傾向。而在密續教法中，你可以藉由大成就者的傳記稍許瞭解到，像是密勒日巴是如何修持的，例如他總是保持禪坐姿從事禪修而不睡覺，彷彿要與睡覺和怠惰抗衡似的。我們一般也說要對抗懶惰，所以我們都有這種態度。

你看許多行者，例如當他們閉關都坐在盒子裡，何以故？因為西藏很冷，在盒子裡很溫暖也很舒服，然後他們也不睡覺，就是這意思。他們總是盤腿坐著，當他們長久以來一直坐著也許習慣了，所以也沒問題，可以一直待著，但實際上這就是一種強迫。我們的本性並非如此，所以強迫一點都不好，你一定要放鬆，任何時候你都不要強迫，在黑關中亦然。當你完全放鬆，比如你睡著了，也許你睡得比較久，最後當你消耗掉所有睡眠醒來，你再睡時就不太會覺得睏，睡眠就變得很淺。當你睡得越來越淺，此時你做些像是白阿明點等的觀想就會非常有效，你會變得很敏銳，你的睡眠也變得很敏銳，然後你就注意到有持續的覺知，你就會有能力去做這些觀想。所以你用黑關來訓練，你可以專程為了夜修法而閉 24 小時的黑關，因為夜修法極其重要。

從事夜修法我們已經有了諸如此類的方式，或你以簡單的方式觀想白阿在你的身體中央（按：指心輪），接著你放鬆於此狀態而入睡。若你夢中常缺乏足夠的明性，特別是你總是有太多的業力夢而沒有發展出明性夢，當你睡得非常淺時可以有明性夢。

一般當你睡得很深時你只會有業力夢，因為業力夢與緊張壓力有關。當我們有些強大的壓力，強大的壓力深深觸動到你，才會容易有這方面的夢，即使睡得很沈也會出現。有時壓力不是來自此生，也會來自過去世，在夢中時有所現。這有兩種方式：有時是透過明性夢你會有關於你前世的明性；有時你會有業力夢，一旦觸到你的心靈深處，你就會一直重複這種夢。

例如你夢到某個地方，你是在夢中知道那裡、那裡的人的情況和處境，有個人折磨你而你不好受，或因害怕而驚醒。有時你會有這樣的夢重複多遍，但你在此生從未有過這樣的經驗，這類的夢都比較與過去的業力有關。若是明性夢則也有可能會關係到未來，但這是不同面向了，因為明性夢只會在有助緣的情況下顯現，不必具足所有助緣，而是這些助緣的一部分出現了，你就會有這類的夢。你也會注意到明性夢的特色，即使夢看起來不好，但你還是可以瞭解，因為已經有某些助緣了，所以你知道這與業力夢不同。

當你成功修持此夜修法，那很好。若你沒有足夠的明性乃至明性夢，或夢中沒有明性，那你在就寢前先在某處唸阿，並在身體中央的中脈中觀想一個明亮的白色阿字，然後再唸阿，觀想從這個阿生起另個阿，從第二個阿生起第三個阿，然後依序第四、第五、第六、第七等等。一般在口訣部講 21 個阿，但我不認為你需要一個個去數，而是觀想中脈中有一種白阿珠鍊，一直串到中脈頂端。當你觀想完全部的白阿鍊，便開始回返，你可以配合發出阿的聲音，或不用阿聲只用呼吸取代，如此觀想從最後一個阿一個個往前消融，直到回到心輪的阿。你重複兩、三次這個觀

想便停止修法，隨後回到床上保持白阿現前下放鬆入睡。這種方式可以讓你更有覺知和更有明性，真的有很大的助益，因此被視為大圓滿口訣部重要的修法，你可以結合於夜修法中。

如果你在夢中、在睡眠狀態中成功保任這種覺知的相續，那就表示你可以有夢中覺知的經驗，這也是你注意到的第一件事。這意思是說，例如你夢到什麼，你注意到：哦我在作夢，但你還沒醒來，只是你在睡覺時注意到自己在作夢，然後你可以繼續這個夢，這就是說夢變得有所覺知。而當夢變得覺知時，雖然不是經常發生，但若你繼續修持就會對此變得熟悉。任何夢，特別是當夢到有趣的內容時，你會馬上會注意到：「這是夢！」若你對此越來越熟悉，你就可以利用夢。例如你想深入所知，有時你幾週前有個夢，或許一年以前的夢，你可以再次回到那個夢，再深入探究那個夢有什麼訊息。例如你想到：「我作過那個夢，我想要再繼續。」你在夢中就真的可以繼續下去。

特別是這對修行會變得十分重要，若你已經知道很多修持的方法，你雖然從上師那裡得到法，但沒有多少時間在日常生活中修持，現在你在夢裡就能做所有的修法。夢對於修法和發展修持能力很重要，甚至比白天還更為重要。在白天我們的處境很複雜，時間有限，所以即便我們想好好修法，但我們有如此多的事情要做，還有很多事必須要完成，所以即使我們有很好的動機，也常常無法具體實現。但現在你可以利用夢並在夢中發展，同時在夢裡你可以比白天擁有更多的明性來修持，因為這時感官沒有運作，你的感知不依賴感官，因此更為自由，在修持上可以有更多的發展，這是極為重要的。

同樣若你成功於夜修法，而夢中變得覺知，你的白天也會受到影響，最終你就瞭解為何白天也是另一個夢，你可以有很具體的瞭解，不只是說說或只是某種想像罷了。當你在白天得到這種夜修法的影響，你的執著會減少，你的緊張壓力會減少，你對每件事賦予的重要性也會降低。我們有太多的執著，總想著：這是這、那是那，每件事都很具體也都必須要照這樣的方式，所以我們給予它們過多的重要性。當我們過於重視它們，結果就是我們始終有很多恐懼。你看許多人對很多東西都很恐懼，害怕生命、害怕時間，為什麼？因為他們太過於緊張和執著，太重視每件事物。當以此知識讓它們變得越來越平順，生活也會變得美好，就真的比較沒有什麼問題。即使你認為有些問題，但問題總歸是相對的，可以是重要，也可以是不重要，所以你就能感受到並真正以和諧的方式生活，生命也因此變得比較輕盈。

基於以上理由，夜修法非常重要。若你成功於夜修法，你也會成功於死亡。在大圓滿教法裡，你的夜修法同時也是你對於死亡的準備，這非常重要也十分具體。若你成功以白阿入睡，有白阿的現前、處於剎那覺性之中，你在死亡時就會記起。即使你是突然死亡，不是久病在床而有時間做些觀想等。我們有時也會出意外，誰知道呢？我們難免會有突發的意外，但即使你遭受這種突發的意外，這突發的當下也是具有剎那覺性，所以你隨即遷轉並處於其中。這真的很重要，你一定要記住！

你們皆為大圓滿行者，否則像有些人知道一點修法，諸如座修法的短座或中座等，當像死亡這種事發生時，他們不知道該怎麼辦，而想著：「我是要修座修法嗎？」（眾笑）在這種情況下，

他們還真的修起長座法來了（眾笑）！若以剎那覺性來做，就永遠處於此狀態，這就是最好的方式。所以，你要記住這個修法對日常生活很重要，總是要記得日修法和夜修法。日修法就是試著在任何處境下保持覺知，不是只是修座修法。座修法和其他共修法是當你有時間的時候才修的，雖然這些也不是不重要，但更重要的是你要處於當下，這比較重要，並且以此當下覺知來修持傳承的上師瑜伽。

因為剎那覺性不僅是我們努力勤修而來，還有經驗，經驗是透過傳承的授予去發現的，而你處在該狀態，這就是上師瑜伽。若你有時間和可能，你喊出阿，以阿聲你放鬆於此剎那覺性。若沒可能唸阿，那也無妨，就僅處於剎那覺性。你知道何謂剎那覺性後，你〔便盡量〕處於該狀態；若你在巴士上、飛機上、在辦公室上班、言談中，不要總是分心，你可以一直處在剎那覺性中。當然一開始並不容易，但你可以一個個學習：保持覺知是什麼意思、處於當下是什麼意思。即使你透過努力處於當下，你以那份當下覺知遷轉至剎那覺性中，並以剎那覺性來統理一切。剎那覺性沒有任何努力的成分，剎那覺性代表完全的放鬆。若我們問：完全的放鬆有多放鬆？我們就要學習剎那覺性，然後我們便處於該狀態。

這就是主要修法，也是首要的。這與上師瑜伽有關，也是大圓滿教法中所說的：「上師瑜伽必不可缺」，這十分重要。例如我們說到三昧耶（samaya，誓言），我們的三昧耶是什麼？我們的三昧耶就是以傳承之力處於剎那覺性中而不散亂，這與上師瑜伽有關，這裡上師瑜伽指的是用阿字來處於此狀態。然後，若你

有比較多的時間你可以祈禱，有可能的話，你也可以修任何種類的上師瑜伽，做些持誦、唱頌和薈供。你可以用不同方式來修，但不可或缺的就是在任何情況下都處於上師瑜伽，即使我們臨終時也以上師瑜伽往生。若我們活著，在日常生活中，行走、工作、做各種事情，時時都試著記起上師瑜伽，這便是主要的修法。

我的一些弟子，他們試著處於上師瑜伽而沒有修任何薈供，我也很滿意，對我來說這很棒。若有人修各種薈供，說是這個傳承、那個傳承的唱誦等等，但從不試著處於剎那覺性，總是因為唸誦的詞句而分心散亂，那我就真的很不滿意了。這例子說明大家都應試著去處於當下覺知，這很重要，也是你首要的修持。

明天我們就結束這次的禪修營了，結束之後你要做什麼？你回到你家裡、你的辦公室、你的城市，當你回去後什麼都沒有改變，一切皆如往常。例如像是紐約市這麼大的城市，往返來回通勤，一點都沒有改變，即使你參加了禪修營，也都還是老樣子。但若你以自己的覺察在紐約市行走，持續處於當下，那就很好，然後紐約市就融攝於你了，你的修持就會變得更有趣。所以知道這點很重要，否則人們想著在禪修營期間感覺良好，因為很安靜還有修行，一起共修，他們便覺得很有活力。但明天回到家裡，發現到一切都沒有改變，就覺得有點驚訝。有時我們會有這種經驗。

所以在這種情況下你要記得，當你從這個禪修營返家後，主要修持的方式就是你的當下感，你試著去學習這種當下覺知。同樣你也要以一般方式來學習，例如你想做點什麼，那時你試著觀察自己在想什麼，記得發菩提心，在大乘體系的話還要觀察、注意到自己的動機心。同理，你試著去瞭解你正想著要做什麼，例

如你想要去廚房弄杯咖啡,當你有這樣的想法時,你注意到自己出現這個想法,你就在觀察自己,並承諾以覺知來煮咖啡而不分心散亂。接著你以覺知起身走過去、你到了廚房、你煮咖啡,然後煮好後拿著咖啡回來。如果都不分心的話,那就很棒,所以你就等同做了很好的修持。

你真的可以如此來訓練,當然在白天不是很容易都照此方式來做,但當你記得的時候就這樣嘗試。大家都知道如何開車,當你開車時你就具有這個當下覺察。這種當下感與我們的注意力有關,即使我們跟誰交談、左顧右盼等,我們都是很放鬆地在開車,但事實上是我們不曾分心,否則一分心就會出意外、開出馬路外去了,這表示我們具有當下覺知力。這種覺知力是透過駕駛課學到的,但可沒有煮咖啡的課,因此我們沒有這樣訓練過。在一天當中其他的行動不勝枚舉,我們都沒有一一去訓練,所以我們需要一點一滴地去練習。

當我們對這種當下覺知越來越熟悉之後,然後將此當下覺知融於剎那覺性當中,此時還不是剎那覺性,隨後的發展才變得很重要。但第一件事是,你看這種當下覺察有個注意力在,也有緊張,但剎那覺性沒有任何緊張和注意力,而是完全地放鬆,這就是差別所在。所以我們需要遷轉至那種狀態,以此方式來發展我們的修持。這就是你們在日常生活中要做的首要修持,瞭解了嗎?至此禪修營結束,現在我們迴向。

附錄三
作者略傳

此部大圓滿實修文本之作者：南開諾布仁波切，於藏曆土虎年（一九三八年）十月八日，在東藏德格（sDe dge）宮千地區的格梧（dGe' ug）村出生。他的父親卓瑪策林（sGrol ma Tshering）是貴族的一員，擔任過德格政府的官員；母親則是耶喜曲珍（Ye shes Chos sgron）。

當他兩歲時，白玉・噶瑪揚希（dPal yul Karma Yang srid）[1] 和雪謙冉江（Zhe chen Rab byams）[2] 兩位仁波切，皆認證他為安宗竹巴（A 'dzom 'Brug pa）[3] 的轉世。安宗竹巴是二十世紀初偉大的大圓滿上師之一，是第一世欽哲仁波切即蔣揚・欽哲旺波（'Jam dbyangs mKhyen brtse dBang po, 1829-92）和巴楚仁波切（dPal sprul Rinpoche）[4] 的弟子。這些卓越的大師都是十九世紀時東藏「利美」（Ris med）或不分教派運動的領袖。安宗竹巴從他的主要上師蔣揚欽哲得到傳法約 37 次；亦從巴楚仁波切得到《龍欽心髓》（kLong chen snying thig）和「棨龍」（rTsa rlung，氣修法）之完整傳承。之後，在安宗竹巴三十歲時，於淨相中親見無以倫比的吉美林巴（'Jigs med gLing pa, 1729-98）而成為一位伏藏師（gter ston）──即伏藏文本之取藏者。當安宗竹巴在東藏的阿宗噶（A 'dzom sgar）進行冬夏閉關[5] 的教授時，成為當代許多大圓滿上師的上師，其中之一便是南開諾布仁波切的叔公多登・鄔金丹增（rTogs ldan O rgyan bsTan 'dzin）[6]，他亦為其首位大圓滿上師。

當他八歲時，第十六世噶瑪巴（Karmapa）[7] 和泰・錫度（dPal

spung Situ，大司徒）[8] 仁波切皆認證他是夏仲・阿旺朗傑（Lho 'Brug Zhabs drung）[9] 的「意」轉世[10]。夏仲・阿旺朗傑上師乃是卓越的竹巴噶舉上師貝瑪噶波（Padma dKar po, 1527-92）的轉世，他是歷史上不丹王國的創建者。直至二十世紀初，歷任「夏仲」（Zhabs drung）仁波切皆是不丹的法王（Dharmarajas），亦即政治與宗教的統治者。

　　南開諾布仁波切於孩童時期即從佐千・康仁波切（rDzogs chen mKhan Rinpoche，貢噶巴滇）[11]、十一歲從舅父欽哲・揚希仁波切（mKhyen brtse Yang srid Rinpoche，蔣揚・秋吉旺楚）[12]、十二歲從叔公多登・鄔金丹增，獲得《大圓滿秘密心髓》（rDzogs chen gsang ba snying thig）和《四部心髓》（sNying thig Ya bzhi）的指導。同時，又從內嘉秋祝仁波切（gNas rgyab mChog sprul Rinpoche）[13] 得到《寧瑪教傳》（rNying ma bka' ma）、《光界金剛藏》（kLong gsal rdo rje snying po，「龍薩多傑寧波」）和明珠多傑（Mi 'gyur rDo rje）《天法》（gNam chos，「南卻」）之傳承。從康仁波切班丹楚臣（dPal ldan Tshul khrims, 1904-72）獲得薩迦派《續部總集》（rGyud sde kun btus）即密續修法總匯之傳承。此外，他還從許多東藏地區利美或不分教派的上師們那裡，獲得諸多灌頂並聽聞許多口授講解[14]。

　　從八歲直至十二歲，他就讀於德格宮千寺的德格文兌學校（sdbon stod slob grwa），在那裡他跟隨堪仁波切千拉・確吉沃瑟（mKhen Rinpoche mKhyen rab Chos kyi 'od zer, 1901-60）研讀了十三種基礎教本[15]，這些都是由堪布賢嘎（mKan po gZhan dga）[16] 所設計的學院標準課程。南開諾布仁波切特別專精於《現觀莊嚴論》

（Abhisamayālaṅkāra），此外，他還跟隨同樣這位上師學習到《時輪金剛續》（Kālacakra Tantra）之偉大釋論[17]、《幻化網祕密藏續》（Guhyagarbha Tantra）、噶瑪巴讓炯多傑（Rang byung rDo rje）的《甚深內義》（Zab mo nang don）、《四部醫典》[18]、印度與中國的星象學[19]，還有從他那裡領受的《薩迦成就法總集》（Sa skya'i sgrub thabs kun btus）的灌頂和傳承。

從八歲到十四歲，在德格庫塞色炯佛學院（Ku se gSer ljongs bshad grwa），從康仁波切察雅羅卓（mKhan Rinpoche Brag gyab Blos gros, 1913-）那裡，得到《般若波羅蜜多經》（Prajñāpāramitā Sūtras）、《現觀莊嚴論》，以及三密續文本：《喜金剛本續》（Hevajra Tantra），和其兩部釋論《金剛帳續》（rDo rje Gur）、《正相合續》（Samputa Tantra，《桑布札續》）[20]的指導。他的親教師秋祝仁波切（mChog sprul Rinpoche）[21]則指導他世間科學[22]。

同樣從八歲直到十四歲，曾至東藏的宗薩寺，從聲名顯赫的宗薩欽哲（rDzong gsar mKhyen brtse，蔣揚欽哲・確吉羅卓）[23]仁波切那裡，得到關於《薩迦深法道果》（Sa skya'i zab chos lam 'bras）的教法——其為薩迦派之精華教義，還學習了《密續總釋》（rGyud kyi spyi don rnam bzhag）、《巨樹論》（lJon shing chen mo）和《喜金剛本續》等三部教典[24]。隨後，在康貝佛學院（Khams bre bshad grwa），跟隨康仁波切彌諒唐卻（mKhan Rinpoche Mi nyag Dam chos, 1920-）學習基本因明教本——即薩迦班智達的（Sa skya Pandita）《量理藏論》（Tshad ma rig gter）。

之後，在「勝密虛空岩」（Seng-chen gNam brag）的禪修洞，他和叔公多登・鄔金丹增為了修持金剛手（Vajrapāni）、獅面空

行母（Simhamukha）和白度母（White Tārā）而做了一次閉關。那時候，安宗竹巴的兒子久美多傑（'Gyur med rDo rje, 1896-1959）從中藏回來，並與他們同住，隨後便賜予他們〔忿怒蓮師〕多傑佐勒（rDo rje gro lod）修法、《龍欽心髓》，以及仁增果登（Rig'dzin rGod ldem' Phru can）之《密意通徹》（dGongs pa zang thal，《直示密意》）。

一九五一年，當他十四歲時，依照薩迦派「哦巴」（Ngor pa）和「察巴」（Tshar pa）傳統，接受金剛瑜伽母（Vajrayogini）的灌頂。之後，他的親教師叮囑他去找一位住在卡達里（Kadari）地區的女士，她是金剛瑜伽母的活化身，向她請求灌頂。這位女上師阿育康卓（A yo mKha' 'gro rDo rje dPal sgron ,1838-1953）是偉大的蔣揚·欽哲旺波和娘拉·貝瑪敦都（Nyag bla Padma bDud'dul，白瑪鄧登）的直傳弟子，也是比安宗竹巴年長的同時期人物。此時她已113歲，並已閉黑關[25]約56年。南開諾布仁彼切從她那裡得到《空行密集》（mKha' 'gro gsang 'dus）、蔣揚·欽哲旺波的意伏藏[26]，以及《最秘空行心髓》（mKha' 'gro yang thig）傳承──其主要修法便是黑關，此外還有《龍欽心髓》。她亦賜給南開諾布仁波切她自己的意伏藏，包括獅面空行母的伏藏法《空行王母之獅面母深髓》（mKha' 'gro dbang mo'i seng ge gdong ma'i zab thig）。

隨後在一九五四年，他以西藏青年代表的身分應邀訪問中國。自一九五四年起，他擔任中國四川成都西南民族大學的藏文指導老師。住在中國的這段時間，遇到知名的貢噶仁波切（Gangs dkar Rinpoche）[27]，從這位上師他聽聞了諸多《那洛六法》（Six Doctrines of Nāropa）[28]、大手印（Mahāmudra）和《最勝三寶總集》（dKon mchog spyi 'dus）的講解，還有西藏醫學。在這段期間，南

開諾布仁波切亦精通了中文和蒙古語。

當他十七歲時，他根據夢中揭示的境相，回到故鄉德格的家，前去參見他的根本上師[29]娘拉仁波切仁增蔣秋多傑（Nyag bla Rinpoche Rig 'dzin Byang chub rDo rje, 1826-1978），他住在德格東邊一個偏遠的山谷中，原本來自中國邊界的雅龍（Nyag rong）地區。他是安宗竹巴和娘拉・貝瑪敦都的弟子，亦為夏扎仁波切（Shar rdza Rinpoche）[30]的弟子，夏扎仁波切是著名的苯教大圓滿上師，達到虹光身[31]的成就。蔣秋多傑是一位開業藏醫，他在那個偏遠的山谷中領導一個名叫「娘拉噶」（Nyag bla sGar）的社區；它是個完全自給自足的社區，全數由在家修行者、瑜伽士和瑜伽女組成。從這位上師那裡，南開諾布仁波切得到了契入大圓滿心部、界部和口訣部精髓教法的灌頂和傳承。更重要的是，這位上師直指他至大圓滿的體驗。南開諾布仁波切在他那裡待了將近一年，經常協助蔣秋多傑仁波切行醫，並擔任他的抄寫員和秘書。他亦從上師的兒子娘瑟・吉美多傑（Nyag sras 'Gyur med rDo rje，吉美嘉稱）那裡得到傳承。

這之後，南開諾布仁波切前往中藏、尼泊爾、印度和不丹，展開一次長期的朝聖之旅。返回他的出生地德格後，發現惡化的政局已導致武裝衝突的爆發，他首先朝中藏逃亡，最終安全抵達錫金成為難民。從一九五八年至一九六〇年，他住在錫金的甘托克（Gangtok），受聘為錫金政府發展辦公室藏文教科書的作者和編輯。一九六〇年當他二十二歲時，應圖齊（Giuseppe Tucci）教授之邀，前往義大利並於羅馬定居若干年。在一九六〇到一九六四年這段期間，他擔任義大利中東和遠東研究所（Istituto

Italiano per il Medio ed Estremo Oriente）的副研究員。因受洛克菲勒基金會（Rockefeller Foundation）的資助，他和圖齊教授密切合作，並為圖齊教授的 *Tibetan Folk Songs of Gyantse and Western Tibet*（《江孜和藏西民謠》）（Rome, 1966）一書寫了二篇附錄，並在義大利非洲東方研究院（Is.M.E.O）所召開有關瑜伽、醫學和星象學的研討會上給予講座。

　　自一九六四至一九九四年，南開諾布仁波切是義大利那不勒斯大學東方學院（Istituto Orientale, University of Naples）的教授，教導藏語、蒙古語和西藏文化史。他對西藏文化的歷史起源作了廣泛的研究，調查來自苯教傳統罕為人知的文獻資料。一九八三年，南開諾布仁波切主持在義大利威尼斯舉行的第一屆西藏醫學國際研討會。當他尚在大學任教，以及他退休以來，南開諾布仁波切已在不同的國家舉辦教法之禪修營，包括義大利、法國、英國、澳洲、丹麥、挪威、芬蘭，還有自一九七九年開始的美國。在這些禪修營中，他以一種不分教派的形式給予大圓滿修行的實修引導，同時亦教授西藏文化方面的內容，尤其是幻輪瑜伽、西藏醫學和星象學。此外，在他的指導下，起初在義大利，現在則包括美國在內的一些其他國家，陸續發展出著名的「大圓滿同修會」[32]。這是一種由個人非正式組成的團體，這些人在社會上平常工作之餘，分享追隨和實修南開諾布仁波切傳授之教法的共同興趣。

　　以上資料大部分係由約翰‧雷諾斯，摘自南開諾布仁波切藏文著作 *gZi yi Phreng ba*（《天珠項鍊》）（Dharamsala: Library of Tibetan Works and Archives, 1982）附錄之自傳。

略傳註釋

1. 袞桑卓度歐薩龍洋多傑（Kun bzang 'gro 'dul 'od gsal klong yangs rdo rje, 1898-）
2. 南卓竹貝多傑（sNang mdzod grub pa'i rdo rje, 1900-）
3. 闊杜巴沃多傑（'Gro 'dul dpa' bo rdo rje, 1842-1924）
4. 扎巴楚仁波切・鄔金吉美卻吉旺波（rDza dPal sprul Rin po che, O rgyan 'jigs med chos kyi dbang po, 1808-87）
5. 在夏季閉關期間，他教授大圓滿；在冬季閉關期間則教導「紮龍」，其為一種氣脈和能量之瑜伽。
6. 「多登」（rtogs ldan）這個詞表示「達至瞭解的人」，約莫與「納久巴」（rnal 'byor pa）同義，指一位瑜伽士。
7. 嘉瓦噶瑪巴（rGyal ba Karmapa），讓炯日佩多傑（Rang 'byung rig pa'i rdo rje, 1924-81）。
8. 貝瑪旺秋嘉波（Padma dbang mchog rgyal po, 1886-1952）
9. 阿旺朗傑或那旺南嘉（Ngag dbang rnam rgyal, 1594-1651）
10. 意之化身（thugs kyi sprul sku）
11. 貢噶巴滇（Kun dga' dpal ldan, 1878-1950）
12. 蔣揚秋吉旺楚（'Jam dbyangs chos kyi dbang phyug, 1910-73）
13. 蔣揚羅卓嘉措（'Jam dbyangs blo gros rgya mtsho, 1902-52）
14. 灌頂與教授（dbang dang khrid）
15. 「十三部大論」（gzhung chen bcu gsum），這些教本包括：
    (1) 釋迦牟尼佛，《別解脫戒》（*Prātimokṣa Sūtra*）
    (2) 功德光，《戒律本論》（*Vinaya Sūtra* by Guṇaprabha）
    (3) 無著，《大乘阿毗達磨集論》（*Abhidharmasamuccaya* by Asaṅga）

(4) 世親，《阿毗達磨俱舍論》（Abhidharmakośa by Vasubandhu）

(5) 龍樹，《中論》（Mūlamadhyamakakārikā by Nagarjuna）

(6) 月稱，《入中論》（Madhyamakāvatāra by Candrakirti）

(7) 聖天，《中觀四百論釋》（Catuḥśataka by Āryadeva）

(8) 寂天，《入菩薩行論》（Bodhicaryāvatāra by Śantideva）

(9) 彌勒菩薩／無著，《現觀莊嚴論》（Abhisamayālalaṃkāra by Maitreya/ Asaṅga）

(10) 彌勒菩薩／無著，《大乘莊嚴經論》（Mahāyānasūtrālaṃkāra by Maitreya/ Asaṅga）

(11) 彌勒菩薩／無著，《辨中邊論》（Madhyāntavibhāga by Maitreya/ Asaṅga）

(12) 彌勒菩薩／無著，《辨法法性論》（Dharmadharmatāvibhāga by Maitreya/ Asaṅga）

(13) 彌勒菩薩／無著，《究竟一乘寶性論》（Uttaratantra by Maitreya/ Asaṅga）

16 賢遍確吉囊哇（gZhan phan chos kyi snang ba, 1871-1927）

17 《時輪廣釋》（Dus 'khor 'grel chen）

18 《四部醫典》（rGyud bzhi）

19 曆算法（rtsis dkar nag）

20 《喜金剛三續》（gur brtag sam gsum）

21 雍增秋祝，袞嘎扎巴（Yongs 'dzin mchog sprul, Kun dga' grags pa, 1922-）

22 五明類別（rig gnas kyi skor）

23 宗薩欽哲仁波切（rDzong gsar mkhyen brtse Rin po che）蔣揚確吉羅卓（'Jam dbyangs Choskyi blo gros, 1894-1959）

24 薩迦三傳規（*spyi ljon brtag gsum*）：《密續總釋》、《巨樹論》、《喜金剛二品續》；《喜金剛本續》因其共有上下二品，故得名《二品續》（*brtag gnyis*）。

25 黑關（mun mtshams）

26 意伏藏（dgongs gter）

27 貢噶仁波切，噶瑪協珠・郤傑生根（Gangs dkar Rin po che, Karma bshad sprul Chos kyi seng ge, 1903-56）

28 《那洛六法》（*Na ro chos drug*）

29 根本上師（rtsa ba'i bla ma）

30 夏爾扎・扎西堅贊（Shar rdza bKra shis rgyal mtshan, 1859-1935）

31 虹身者（'ja' lus pa）

32 大圓滿同修會（rdzogs chen 'dus sde）

南開諾布仁波切著作

1 *The Six Vajra Verses (Rigpai Kujyug)*（六句金剛偈：覺性杜鵑），ed. Cheh-Ngee Goh, Rinchen Editions, Singapore, 1990.
2 *Dream Yoga and The Practice of Natural Light*, ed. Michael Katz, Snow Lion Publications, Ithaca, NY, USA, 1992.（《夢瑜伽與自然光的修習》，橡樹林，2010）
3 *Drung, Deu, and Bön: Narrations, Symbolic Languages and the Bön Tradition in Ancient Tibet*, Library of Tibetan Works and Archives, Dharamsala, 1995.（簡體中文版《苯教與西藏神話的起源——「仲」、「德烏」和「苯」》，中國藏學出版社，2014）
4 *Dzog Chen and Zen*（大圓滿與禪宗），ed. Kennard Lipman, Blue Dolphin Publishing, Berkeley, CA, USA, 1999.
5 *The Crystal and the Way of Light: Sutra, Tantra and Dzogchen*, ed. John Shane, Snow Lion Publications, Ithaca, NY, USA, 1999.（《水晶與光道：經、續與大圓滿》，象雄文化，2018）
6 *The Supreme Source: The Fundamental Tantra of Dzogchen Semde Kunjed Gyalpo*（無上之源：大圓滿心部基礎密續《遍作王》），trans. Andrew Lukianowicz, Snow Lion Publications, Ithaca, NY, USA, 1999.
7 *Primordial Experience: An Introduction to rDzogs-chen Meditation*〔本初經驗：大圓滿禪修介紹（文殊友對大圓滿菩提心意義之論述）〕, trans. Namkhai Norbu & Kennard Lipman, Shambhala Publications, Boston, MA, USA, 2001.
8 *Dzogchen: The Self-Perfected State*, ed. Adriano Clemente, Snow Lion Publications, Ithaca, NY, USA, 2003.（繁體中文版《大圓滿》，新加坡仁欽寶典，二版，2009）

9 *The Practice of Tibetan Kunye Massage: Rays of Light Bringing Benefit to All,*（西藏按摩療法）, Shang Shung Edizioni, Arcidosso, GR, Italy, 2003.
10 *The Necklace of gZi: A Cultural History of Tibet*（天珠項鍊：西藏文化史）, Shang Shung Edizioni, Arcidosso, GR, Italy, 2004.
11 *Dzogchen Teachings*（大圓滿教法）, ed. Jim Valby & Adriano Clemente, Snow Lion Publications, Ithaca, NY, USA, 2006.
12 *Birth, Life and Death*（出生、生命與死亡）, trans. Elio Guarisco, Shang Shung Institute, Arcidosso, GR, Italy, 2008.
13 *Yantra Yoga: Tibetan Yoga of Movement,* ed. Adriano Clemente, Snow Lion Publications, Ithaca, NY, USA, 2008.（《幻輪瑜伽》，眾生文化，2015）
14 *Longchenpa's Advice from the Heart*〔龍欽巴由衷之建言（《三十忠告論》之釋論）〕, trans. Elio Guarisco, Shang Shung Institute, Arcidosso, GR, Italy, 2009.
15 *The Light of Kailash. A History of Zhang Zhung and Tibet, Volume One: The Early Period*（岡底斯之光：象雄與西藏史，第一冊：前期）, trans. Donatella Rossi, Shang Shung Publications, Arcidosso, GR, Italy, 2009.
16 *Zhang Zhung: Images from a Lost Kingdom*（象雄：來自失落王國的吉光片羽）, trans. Adriano Clemente, Shang Shung Publications, Arcidosso, GR, Italy, 2010.
17. *The Foundation of the Path*（修道的基礎）, ed. Igor Legati, Shang Shung Publications, Arcidosso, GR, Italy, 2011.
18 *The Lamp That Enlightens Narrow Minds: The Life and Times of a Realized Tibetan Master, Khyentse Chokyi Wangchug,* trans. Enrico Dell'Angelo, North Atlantic Books & Shang Shung Publications,

2012.(《二十世紀欽哲大師傳承:蔣揚·欽哲·秋吉·旺楚傳》，橡實文化，2013）

19 *Rainbow Body: The Life and Realization of a Tibetan Yogin, Togden Ugyen Tendzin,* trans. Adriano Clemente, North Atlantic Books, , Berkeley, CA, USA, 2012.（《虹光身：大圓滿瑜伽士多登·鄔金天增的傳記與教言》，眾生文化，2014）.

20 *Tibetan Yoga of Movement: The Art and Practice of Yantra Yoga*（西藏動作瑜伽：幻輪瑜伽之藝術與修習）, Chögyal Namkhai Norbu & Fabio Andrico, North Atlantic Books, Berkeley, CA, USA, 2013

21 *The Light of Kailash. A History of Zhang Zhung and Tibet, Volume Two: The Intermediate Period*（岡底斯之光：象雄與西藏史，第二冊：中期）, trans. Donatella Rossi, Shang Shung Publications, Arcidosso, GR, Italy, 2013.

22 *The Light of Kailash. A History of Zhang Zhung and Tibet, Volume Three: The Later Period: Tibet*（岡底斯之光：象雄與西藏史，第三冊：後期）, trans. Donatella Rossi, Shang Shung Publications, Arcidosso, GR, Italy, 2017.

23 *The Cuckoo of Instant Presence: The Six Vajra Verses*（覺性杜鵑：六金剛句）, Shang Shung Publications, Arcidosso, GR, Italy, 2018.

義大利象雄出版社（Shang Shung Publications）位於格羅塞托省阿爾奇多索小鎮，由南開諾布仁波切成立，專門為修行者出版了許多書籍。其他書目可查詢象雄網路書店（Shang Shung Institute Web Store）：http://shop.shangshungfoundation.com

英譯者簡介

　　約翰・雷諾斯曾於哥倫比亞大學、加州大學柏克萊分校和華盛頓大學,學習比較宗教學、人類學、梵文、藏文和佛教哲學。他在愛德華・康澤博士(Dr. Edward Conze)的指導下,完成了梵文和佛教哲學的主修。隨後他在印度和尼泊爾花了八年的時間,於各個著名的西藏喇嘛和印度教瑜伽士座下,研究與修習續部瑜伽並進行禪修。他被引介進入寧瑪派和噶舉派之傳規,隨後在大吉嶺被授予瑜伽士的頭銜,法名 Vajranātha。

　　他曾在印度、歐洲和美國廣泛講學,並在南印度桑提阿什拉姆(Shanti Ashram)、麻薩諸塞大學阿默斯特分校(Amherst)、加州大學聖塔克魯茲分校(U.C. Santa Cruz)和紐約的新羅歇爾學院(College of New Rochelle),教授比較宗教學和佛教研究。他在尼泊爾和西方出版了許多關於密宗、佛教心理學與禪修、西藏星象學,以及翻譯自藏語文本的書籍和文章。他與南開諾布教授合作完成了許多翻譯計畫,目前定居在英格蘭的德文郡(Devon, England)。他的一本翻譯兼評論的書 *Self-Liberation Through Seeing Everything in its Nakedness: An Introduction to the Nature of One's Own Mind*(裸然直視之自解:直指自心本性),南開諾布仁波切撰寫前言,亦由 Station Hill Press 出版。

藏文詞彙表

bag chags	業力軌跡或習氣 69, 71, 79, 118
bde ba'i nyams	樂受經驗 33
bogs dbyung	修中增上 60, 68, 75, 85
brtan pa	穩固 32, 60, 68, 77, 85
bsam gtan (dhyāna)	專注，靜慮（「禪那」）88
bsre ba	融攝 32, 60, 75, 85, 88
bying rgod	昏沈和掉舉 76
chos nyid (dharmatā)	法性 69, 72-73, 79, 84, 86, 89, 90-92, 95-97
dad pa	參與之意樂 99
de bzhin nyid	如是，真如 71, 80, 84, 86, 97, 114
dgongs pa	真實密意 71, 74, 93, 99, 114, 136
dmigs pa	所緣，對境 74
dpyod pa	分析，檢驗 80, 82
dran pa	正念 99
g.yo med	〔於本初狀態中〕不動搖 86
gcer grol	「切卓」；觀察即解脫 70, 83
gdod ma'i rnal 'byor	本初瑜伽，阿底瑜伽 6, 11, 45, 61
glod pa	放鬆 79, 80
gnas lugs	自然情況 29, 86
gnyug ma	自然的，原本的，真實的 71, 114
gsal ba'i nyams	明性經驗 33
gsal ba	明性，光明 14, 69, 71, 84, 90, 97, 99

gzung 'dzin	主客（能所）	71, 114
had de ba	「海德瓦」；驚訝愣然	76
hrig ge ba	清明	76, 85
ji bzhin mkhyen pa	如是了知	87
ji snyed ye shes	盡所有智	95
ka dag	本來清淨	13-14, 71, 73, 81
'khor yug chen po	生命的整個層面（大周圓）	96
'khrul bra	離於幻相	92
lam khyer	行道，轉為道用	6, 11, 45, 61
las kyi bag chags	物質身之習氣	90
lhan ner bzhag	鬆坦住	85
lhug pa	持覺鬆坦	32-33, 60, 69, 75-76, 79, 81-83, 85, 89
lhun grub	任運自成	13-14, 69, 71, 74, 78, 81, 84, 91, 98, 114
ma bcos	無造作	33, 71, 80, 85, 93, 98, 114
mi rtog pa'i nyams	無念經驗	33
mnyam bzhag	座上	76-77, 81-82
mnyam nyid ngang	融攝狀態，平等性中	96
nam mkha' ar gtad	融入虛空	33, 47, 75
ngang	狀態或情況	76, 79, 83-84, 86, 89, 90-92, 96, 114
ngo bo	本體	14, 71
ngo shes pa	認知	97
nyon mongs (kleśa)	情緒煩惱	69, 72, 79, 82, 98
nyon mongs kyi sgrib pa	煩惱障	84
rang byung rig pa	自生本覺	71, 114

rang bzhin	自性，俱生本性	14, 69, 71-72, 93, 97
rang bzhin 'od gsal	自性光明	89, 91
rang grol	「容卓」；自地自解脫	20, 70, 77, 83
rang sar gnas	自地安住	77
rang sar gro	自地解脫	69-70
rdzogs chen	大圓滿	134, 141-142
rgyan gyi ngang	成為裝飾之狀態	79
rig pa	淨覺，本覺	15-16, 22, 26, 31-32, 66-67, 69, 71-72, 74, 76-77, 80, 82-83, 85-86, 89-90, 92, 94, 115
rig pa'i rtsal	本覺力用	81
rig pa'i ye shes	本覺智	67, 71, 84, 114
rjen ne ba	赤裸的	80, 94
rjes nyams	座下驗相	104
rjes thob	座下，後得	77, 81-82, 86, 92
rnal ma	本然狀態	67, 73-74, 115
rnal mar bzhag pa	安住於本然狀態	93
rnam rtog	妄念	15, 33, 69, 76, 82
rtogs	了知	32, 60, 68, 84, 95, 139
rtsal	「查」能量；潛能	68, 73, 80-81, 97, 125
sal le	清明	76, 81, 85, 94
sems nyid	心之本性，心性	15-16, 29, 66, 68, 74, 78, 86
seng nge ba	「辛埃瓦」；明朗然	90, 118
sgom nyams	修驗相，道驗	30, 77, 83, 86
shar grol	「遐卓」；生起即解脫	70, 94

shes bya'i sgrib pa	所知障 87
shes pa	覺知，覺性 67, 70, 72-73, 76, 84, 90, 97, 114-115
shes rab	智慧 99
shes rgyun	覺知之相續 85
skad cig shes pa	剎那覺性 85, 90, 117
sku (kāya)	身；存在層面或次元 11, 14, 37, 71-72, 78, 84, 86-87, 92, 95, 98, 115, 139
snang ba	現相，顯現，業力境 68-69, 72, 79-80, 82, 84, 86, 97-98, 140
snang ba'i bag chags	顯相之習氣 90
thig le (bindu)	明點 50, 84, 88-89
thugs rje	能量，慈悲 14, 72, 97
ting nge 'dzin (samādhi)	禪定（三摩地），覺觀 16, 75, 82, 99
ting nger	寂然，明然（安住於明分中）76
tsan ner	深寂 90
ye babs	本來實相 86
ye shes	智慧，本智 19, 69, 71, 79, 82-84, 87, 92-95, 97-98, 114-115
yengs med	無散亂 76, 93
yid (manas)	心，意識 72, 91
yid kyi bag chags	心識作用之習氣 90

Original Edition: *The Cycle of Day and Night* ©1987 by John Myrdhin Reynods
Complex Chinese translation copyright © 2019
By Shang Shung Chinese Publications Ltd.
ALL RIGHTS RESERVED

書　　名：《日與夜的循環：覺觀修持精要》
作　　者：南開諾布仁波切（Chögyal Namkhai Norbu）
編　　者：約翰‧雷諾斯（John Myrdhin Reynods）
翻　　譯：石曉蔚
審　　閱：毛青潭
排　　版：舞陽美術‧張祐誠
封　　面：徐毓治、張祐誠
出　　版：象雄文化事業有限公司（Shang Shung Chinese Publication Ltd.）
　　　　　電子信箱：shangshung.chinese@gmail.com
行銷代理：紅螞蟻圖書有限公司
　　　　　地址：台北市內湖區舊宗路二段 121 巷 19 號
　　　　　電話：(02) 2795-3656 傳真：(02) 2795-4100
　　　　　電子信箱：red11@ms51.hinet.net
　　　　　網址：http://www.e-redant.com
印　　刷：卡樂彩色製版印刷有限公司
版　　次：2019 年 4 月初版一刷 / 2024 年 12 月三刷
定　　價：新台幣 300 元
ＩＳＢＮ：978-986-95214-3-7（平裝）
版權所有‧請勿翻印（Printed in Taiwan）

國家圖書館出版品預行編目資料

日與夜的循環：覺觀修持精要 /
南開諾布仁波切 (Chögyal Namkhai Norbu) 著；
約翰雷諾斯（John Myrdhin Reynods）英譯及編輯；
石曉蔚翻譯.
初版 -- [臺北市]: 象雄文化，2019.04
152 面；14.6x21 公分
譯自：The Cycle of Day and Night: An Essential
　　　Tibetan Text on the Practice of Contemplation
ISBN 978-986-95214-3-7（平裝）

1. 藏傳佛教 2. 佛教修持

226.965　　　　　　　　　　　108001072